ŒUVRES

DE

M. DE FLORIAN.

MÉLANGES

DE

POÉSIE ET DE LITTÉRATURE.

PAR M. DE FLORIAN,

Capitaine de dragons, et gentilhomme de S. A. S.
Mgr le duc de Penthievre; des acad. de Madrid,
de Florence, de Lyon, de Nismes, d'Angers, etc.

A PARIS,

DE L'IMPRIMERIE DE DIDOT L'AÎNÉ.

M. DCC. LXXXVII.

R U T H,

E G L O G U E

TIRÉE DE L'ÉCRITURE SAINTE,

Couronnée par l'académie françoise
en 1784.

F. M. Quéverdo. aq. f.

Dembrun Sc.

Dieu pour se faire aimer doit

prolonger tes ans,

RUTH,

ÉGLOGUE

TIRÉE DE L'ÉCRITURE SAINTE.

A S. A. S.

MONSEIGNEUR LE DUC

DE PENTHIEVRE.

Le plus saint des devoirs, celui qu'en traits de flamme
La nature a gravé dans le fond de notre ame,
C'est de chérir l'objet qui nous donna le jour.
Qu'il est doux à remplir ce précepte d'amour !
Voyez ce foible enfant que le trépas menace ;
Il ne sent plus ses maux quand sa mere l'embrasse :
Dans l'âge des erreurs, ce jeune homme fougueux
N'a qu'elle pour ami, dès qu'il est malheureux :
Ce vieillard, qui va perdre un reste de lumiere,
Retrouve encor des pleurs en parlant de sa mere.
Bienfait du Créateur, qui daigna nous choisir
Pour premiere vertu notre plus doux plaisir !

Il fit plus : il voulut qu'une amitié si pure
Fût un bien de l'amour, comme de la nature,
Et que les nœuds d'hymen, en doublant nos parents,
Vinssent multiplier nos plus chers sentiments.
C'est ainsi que de Ruth récompensant le zele,
De ce pieux respect Dieu nous donne un modele.

Lorsqu'autrefois un juge [1], au nom de l'Éternel,
Gouvernoit dans Maspha les tribus d'Israël,
Du coupable Juda Dieu permit la ruine.
Des murs de Bethléhem chassés par la famine,
Noémi, son époux, deux fils de leur amour,
Dans les champs de Moab vont fixer leur séjour.
Bientôt de Noémi les fils n'ont plus de pere :
Chacun d'eux prit pour femme une jeune étrangere ;
Et la mort les frappa. La triste Noémi,
Sans époux, sans enfants, chez un peuple ennemi,
Tourne ses yeux en pleurs vers sa chere patrie,
Et prononce en partant, d'une voix attendrie,
Ces mots qu'elle adressoit aux veuves de ses fils :
Ruth, Orpha, c'en est fait, mes beaux jours sont finis ;

---

(1) In diebus unius judicis, quando judices præerant,
facta est fames in terra. Abiitque homo de Bethlehem Juda,
ut peregrinaretur in regione moabitide, cum uxore sua ac
duobus liberis, etc.

Je retourne en Juda , mourir où je suis née.
Mon Dieu n'a pas voulu bénir votre hyménée :
Que mon Dieu soit béni ! Je vous rends votre foi.
Puissiez-vous être un jour plus heureuses que moi!
Votre bonheur rendroit ma peine moins amere.
Adieu ; n'oubliez pas que je fus votre mere.

Elle les presse alors sur son cœur palpitant.
Orpha baisse les yeux , et pleure en la quittant.
Ruth demeure avec elle : Ah ! laissez-moi vous suivre [1];
Par-tout où vous vivrez, Ruth près de vous doit vivre.
N'êtes-vous pas ma mere en tout temps, en tout lieu?
Votre peuple est mon peuple, et votre Dieu mon Dieu.
La terre où vous mourrez verra finir ma vie ;
Ruth dans votre tombeau veut être ensevelie :
Jusques-là vous servir fera mes plus doux soins ;
Nous souffrirons ensemble, et nous souffrirons moins.

Elle dit. C'est en vain que Noémi la presse
De ne point se charger de sa triste vieillesse ;
Ruth , toujours si docile à son moindre desir ,
Pour la premiere fois refuse d'obéir.

---

(1) Ne adverseris mihi ut relinquam te et abeam : quocumque enim perrexeris, pergam ; et ubi morata fueris, et ego pariter morabor. Populus tuus populus meus, et Deus tuus Deus meus. Quæ te terra morientem susceperit, in ea moriar , ibique locum accipiam sepulturæ.

Sa main de Noémi saisit la main tremblante ;
Elle guide et soutient sa marche défaillante,
Lui sourit, l'encourage, et, quittant ces climats,
De l'antique Jacob va chercher les états.

De son peuple chéri Dieu réparoit les pertes :
Noémi de moissons voit les plaines couvertes.
Enfin, s'écria-t-elle en tombant à genoux,
Le bras de l'Éternel ne pese plus sur nous :
Que ma reconnoissance à ses yeux se déploie !
Voici les premiers pleurs que je donne à la joie.
Vous voyez Bethléhem, ma fille : cet ormeau
De la tendre Rachel vous marque le tombeau.
Le front dans la poussiere, adorons en silence
Du Dieu de mes aïeux la bonté, la puissance :
C'est ici qu'Abraham parloit à l'Éternel.
Ruth baise avec respect la terre d'Israël.

Bientôt de leur retour la nouvelle est semée.
A peine de ce bruit la ville est informée,
Que tous vers Noémi précipitent leurs pas.
Plus d'un vieillard surpris ne la reconnoît pas :
Quoi[1] ! c'est là Noémi ? Non, leur répondit-elle,

-----

(1) Dicebantque : Hæc est illa Noemi ? Quibus ait : Ne
vocetis me Noemi, id est pulchram ; sed vocate me Mara,
id est amaram : quia amaritudine valde replevit me omni-
potens. Egressa sum plena ; et vacuam reduxit me Dominus.

Ce n'est plus Noémi : ce nom veut dire belle ;
J'ai perdu ma beauté , mes fils et mon ami :
Nommez-moi malheureuse , et non pas Noémi.
　　Dans ce temps , de Juda les nombreuses familles
Recueilloient les épis tombant sous les faucilles :
Ruth veut aller glaner. Le jour à peine luit ,
Qu'aux champs du vieux Booz le hasard la conduit ;
De Booz dont Juda respecte la sagesse ,
Vertueux sans orgueil , indulgent sans foiblesse ,
Et qui , des malheureux l'amour et le soutien ,
Depuis quatre-vingts ans fait tous les jours du bien.
　　Ruth[1] suivoit dans son champ la derniere glaneuse :
Étrangere et timide , elle se trouve heureuse
De ramasser l'épi qu'une autre a dédaigné.
Booz , qui l'apperçoit , vers elle est entraîné :
Ma fille , lui dit-il , glanez près des javelles ;
Les pauvres ont des droits sur des moissons si belles.
Mais vers ces deux palmiers suivez plutôt mes pas ,
Venez des moissonneurs partager le repas.
Le maître de ce champ par ma voix vous l'ordonne :
Ce n'est que pour donner que le Seigneur nous donne.

_____

(1) Et colligebat spicas post terga metentium.... Et ait
Booz ad Ruth : Audi , filia ; ne vadas in alterum agrum
ad colligendum... Si sitieris , vade ad sarcinulas , et bibe
aquas de quibus et pueri bibunt.

Il dit. Ruth à genoux de pleurs baigne sa main.
Le vieillard la conduit au champêtre festin.
Les moissonneurs, charmés de ses traits, de sa grace,
Veulent qu'au milieu d'eux elle prenne sa place,
De leur pain, de leurs mets lui donnent la moitié :
Et Ruth, riche des dons que lui fait l'amitié,
Songeant que Noémi languit dans la misere,
Pleure, et garde son pain pour en nourrir sa mere[1].

 Bientôt elle se leve, et retourne aux sillons.
Booz parle à celui qui veilloit aux moissons :
Fais tomber, lui dit-il, les épis autour d'elle,
Et prends garde sur-tout que rien ne te décele :
Il faut que sans te voir elle pense glaner,
Tandis que par nos soins elle va moissonner.
Épargne à sa pudeur trop de reconnoissance,
Et gardons le secret de notre bienfaisance.

 Le zélé serviteur se presse d'obéir;
Par-tout aux yeux de Ruth un épi vient s'offrir.
Elle porte ces biens vers le toit solitaire
Où Noémi cachoit ses pleurs et sa misere.

---

(1) Sedit itaque ad messorum latus, et congessit polen-
tam sibi, comeditque... et tulit reliquias. Atque inde sur-
rexit, ut spicas ex more colligeret. Præcepit autem Booz
pueris suis, dicens... De vestris manipulis projicite de indus-
tria, et remanere permittite, ut absque rubore colligat.

Elle arrive en chantant : Bénissons le Seigneur,
Dit-elle ; de Booz il a touché le cœur.
A glaner dans son champ ce vieillard m'encourage,
Il dit que sa moisson du pauvre est l'héritage.
De son travail[1] alors elle montre le fruit.
Oui, lui dit Noémi, l'Éternel vous conduit :
Il veut votre bonheur, n'en doutez point, ma fille.
Le vertueux Booz est de notre famille ;
Et nos loix.... Je ne puis vous expliquer ces mots,
Mais retournez demain dans le champ de Booz :
Il vous demandera quel sang vous a fait naître ;
Répondez : Noémi vous le fera connoître ;
La veuve de son fils embrasse vos genoux.
Tous mes desseins alors seront connus de vous.
Je n'en puis dire plus : soyez sûre d'avance
Que le sage Booz respecte l'innocence ;
Et que vous voir heureuse est mon plus cher desir[2].
Ruth embrasse sa mere, et promet d'obéir.
Bientôt un doux sommeil vient fermer sa paupiere.

    Le soleil n'avoit pas commencé sa carriere,
Que Ruth est dans le champ. Les moissonneurs lassés
Dormoient près des épis autour d'eux dispersés :

---

(1) Portans reversa est, et ostendit socrui suæ ; et dedit ei de reliquiis cibi sui, etc.

(2) Filia mea, quæram tibi requiem, et providebo ut bene sit tibi. Booz iste propinquus noster est, etc.

Le jour commence à naître, aucun ne se réveille.
Mais aux premiers rayons de l'aurore vermeille,
Parmi ses serviteurs Ruth reconnoît Booz.
D'un paisible sommeil il goûtoit le repos;
Des gerbes soutenoient sa tête vénérable.
Ruth s'arrête : Ô vieillard, soutien du misérable,
Que l'ange du Seigneur garde tes cheveux blancs!
Dieu pour se faire aimer doit prolonger tes ans.
Quelle sérénité se peint sur ton visage!
Comme ton cœur est pur, ton front est sans nuage.
Tu dors, et tu parois méditer des bienfaits:
Un songe t'offre-t-il les heureux que tu fais?
Ah ! s'il parle de moi, de ma tendresse extrême,
Crois-le; ce songe, hélas! est la vérité même.

Le vieillard se réveille à ces accents si doux.
Pardonnez, lui dit Ruth, j'osois prier pour vous;
Mes vœux étoient dictés par la reconnoissance:
Chérir son bienfaiteur ne peut être une offense;
Un sentiment si pur doit-il se réprimer?
Non, ma mere me dit que je peux vous aimer.
De Noémi dans moi reconnoissez la fille:
Est-il vrai que Booz soit de notre famille?
Mon cœur et Noémi me l'assurent tous deux.

Ô ciel! répond Booz, ô jour trois fois heureux!
Vous êtes cette Ruth, cette aimable étrangere
Qui laissa son pays et ses dieux pour sa mere!

Je suis de votre sang; et, selon notre loi,
Votre époux doit trouver un successeur en moi.
Mais puis-je réclamer ce noble et saint usage?
Je crains que mes vieux ans n'effarouchent votre âge:
Au mien l'on aime encor, près de vous je le sens;
Mais peut-on jamais plaire avec des cheveux blancs?
Dissipez la frayeur dont mon ame est saisie:
Moïse ordonne en vain le bonheur de ma vie;
Si je suis heureux seul, ce n'est plus un bonheur.

Ah! que ne lisez-vous dans le fond de mon cœur!
Lui dit Ruth; vous verriez que la loi de ma mere
Me devient dans ce jour et plus douce et plus chere.
La rougeur, à ces mots, augmente ses attraits.
Booz tombe à ses pieds: Je vous donne à jamais
Et ma main et ma foi: le plus saint hyménée
Aujourd'hui va m'unir à votre destinée.
A cette fête, hélas! nous n'aurons pas l'amour;
Mais l'amitié suffit pour en faire un beau jour.
Et vous, Dieu de Jacob, seul maître de ma vie,
Je ne me plaindrai point qu'elle me soit ravie;
Je ne veux que le temps et l'espoir, ô mon Dieu,
De laisser Ruth heureuse, en lui disant adieu.

Ruth le conduit alors dans les bras de sa mere.
Tous trois à l'Éternel adressent leur priere;
Et le plus saint des nœuds en ce jour les unit.
Juda s'en glorifie: et Dieu, qui les bénit,

Aux desirs de Booz permet que tout réponde.
Belle comme Rachel, comme Lia féconde,
Son épouse eut un fils[1] ; et cet enfant si beau
Des bienfaits du Seigneur est un gage nouveau :
C'est l'aïeul de David. Noémi le caresse ;
Elle ne peut quitter ce fils de sa tendresse,
Et dit, en le montrant sur son sein endormi :
Vous pouvez maintenant m'appeller Noémi.

De ma sensible Ruth, Prince, acceptez l'hommage.
Il a fallu monter jusques au premier âge
Pour trouver un mortel qu'on pût vous comparer.
En honorant Booz, j'ai cru vous honorer :
Vous avez sa vertu, sa douce bienfaisance ;
Vous moissonnez aussi pour nourrir l'indigence :
Pieux comme Booz, austere avec douceur,
Vous aimez les humains, et craignez le Seigneur.
Hélas ! un seul soutien manque à votre famille :
Vous n'épousez pas Ruth ; mais vous l'avez pour fille.

---

(1) Tulit itaque Booz Ruth, et accepit uxorem... et dedit illi Dominus ut conciperet et pareret filium...Susceptumque Noemi puerum posuit in sinu suo, et nutricis ac gerulæ fungebatur officio.

F I N.

VOLTAIRE

ET

LE SERF DU MONT JURA,

Piece couronnée par l'académie françoise
en 1782.

AVANT-PROPOS
NÉCESSAIRE.

En 1779, le roi, par un édit mémorable, affranchit tous les serfs de ses domaines. Cet édit, monument de justice et de bienfaisance, a fait adorer le nom de Louis XVI, et le fera bénir des générations futures. L'académie françoise se hâta de donner pour sujet du prix de poésie l'abolition de la servitude dans les domaines du roi. Aucun des ouvrages envoyés au concours ne remplit les vues de l'académie : le prix fut remis deux fois ; et l'on finit par laisser aux candidats la liberté de prendre un autre sujet.

Jeune alors, plus occupé du service que de la poésie, je n'avois jamais fait de vers, ni conçu seulement l'idée d'envoyer une pièce au concours. Fâché pourtant de voir changer un si beau sujet, pénétré de respect et d'amour pour la bonté de mon roi, je voulus essayer de la célébrer; et prenant ma sensibilité pour de la verve, je me mis à écrire.

J'étois plein de M. de Voltaire : il avoit comblé de bontés mon enfance. Avant de savoir qu'il étoit le plus grand des écrivains, j'avois su qu'il étoit le plus aimable des hommes, et mon attachement pour lui étoit plus ancien que mon admiration. Dans mes fréquents voyages à Ferney, je l'avois vu bâtir une ville, où il rendoit heureux par ses bienfaits trois mille citoyens qu'il y avoit attirés. Je l'avois entendu parler avec horreur de la main-morte, et gémir sur le sort de douze mille habitants du mont Jura, soumis à cette loi atroce. Le nom de M. de Voltaire s'unissoit de lui-même, dans mon esprit, avec le mot d'humanité ; et je croyois impossible de parler de l'un sans parler de l'autre.

Je voulus donc que mes premiers vers fussent à la gloire de mon roi, à la louange d'un grand homme dont je chérissois la mémoire, et à l'utilité des malheureux main-mortables.

Je fis l'ouvrage qu'on va lire. Il est très imparfait sans doute : il devoit l'être, je n'avois aucun usage de la poésie ; mais mon cœur me tint lieu de talent, et ma piece fut couronnée.

Avant de la lire, il est nécessaire, pour l'intelligence de l'ouvrage, de connoître quelques articles tirés de la coutume de Franche-Comté, titre *des mains-mortes.*

Le serf main-mortable ne cultive jamais pour lui ; jamais la terre qu'il laboure ne peut être son patrimoine. Tout ce qu'il acquiert, tous les im-

meubles qu'il possede dans la contrée
ne lui appartiennent pas davantage;
il n'en a que l'usufruit. A sa mort, le
seigneur s'en empare; et les enfants
en sont frustrés, si ces enfants n'ont
pas toujours habité la maison de leur
pere, si la fille du serf ne prouve pas
que la premiere nuit de ses noces
elle a couché dans la maison de son
pere, et non pas dans celle de son
mari.

Tout François, tout étranger qui
a le malheur d'habiter un an et un
jour dans une terre main-mortable
devient serf, et communique cette
tache à toute sa postérité.

Le mariage d'un homme libre avec
une serve rend serfs l'époux et ses
enfants, s'il partage la maison de sa
femme pendant un an et un jour. Il
n'y a qu'un seul moyen de soustraire
sa famille à la servitude : on arrache
le serf mourant de la maison d'es-

clavage; on le porte sur une terre libre, pour qu'il y rende le dernier soupir; et la liberté des enfants est le prix de ce trajet, qui avance l'agonie du pere de famille. Encore de graves auteurs disputent-ils cette liberté aux enfants. (*Traité de la main-morte*, page 48.)

C'est d'après ce dernier article que j'ai conçu mon ouvrage. Que n'ai-je pu y mettre assez de talent pour le rendre utile ! que n'ai-je pu attendrir toutes les ames sensibles en faveur de douze mille infortunés, toujours soumis à cette horrible loi, dans huit paroisses main-mortables du chapitre de Saint-Claude ! Jusqu'à présent tous les efforts que l'on a faits pour eux ont été vains, et l'exemple du roi est demeuré inutile. Le joug qui accable ces malheureux est aussi dur, aussi pesant, qu'il l'étoit dans nos siecles de barbarie. Rien n'a

changé pour ces infortunés, qui doivent se regarder comme abandonnés
de la Providence, puisque, sous le
meilleur des rois, sous un prélat selon le cœur du pauvre, ils n'ont pas
encore entrevu l'espoir de sortir un
jour d'esclavage.

F. M. Queverdo Aq.   De Longueil G. D. R. Sculp.

Ah! vivés pour jouir des bienfaits de LOUIS.

VOLTAIRE

ET

LE SERF DU MONT JURA.

A u pied de ces monts sourcilleux,
Remparts de l'antique Italie,
Qui jusqu'à la voûte des cieux
Portent leur cime enorgueillie,
Est un vallon riant, asyle de la paix.
Là, sur les bords d'un lac tranquille,
Le laboureur sillonne une terre fertile
Qui lui prodigue ses bienfaits.
L'heureuse liberté regne dans cet asyle:
Elle ajoute à ces dons des biens encor plus grands;
Et de rocs escarpés une chaîne terrible
Garantit ce séjour paisible
Des aquilons et des tyrans.

Près de cette terre chérie
Voltaire avoit cherché le prix de ses travaux;
Rassasié de gloire, il vouloit du repos.
Lassé d'avoir encore à combattre l'envie,

3

Après soixante ans de combats,
Il venoit consacrer les restes de sa vie
Au plaisir triste et doux de faire des ingrats.
   Il élevoit une ville nouvelle,
Ouverte aux malheureux dont il est le soutien.
Ils accourent en foule où sa voix les appelle;
Dans les murs qu'il bâtit tout pauvre est citoyen:
      L'infortuné qui se présente
      Est sûr de trouver des bienfaits.
Voltaire va chercher la famille indigente
   Qu'un incendie, un orage, un procès
   Vient de réduire à l'affreuse misere:
Séchez vos pleurs, dit-il, je vous rendrai vos champs;
   Venez m'apporter vos enfants,
   Venez m'aimer; je serai votre pere.
Ces malheureux, étonnés, attendris,
Tombent aux pieds de ce dieu tutélaire;
   Ils baisent cette main si chere
   Par qui tous leurs maux sont finis.
La mere à son berceau court enlever son fils,
Et le pose, en pleurant, aux genoux de Voltaire:
   Voilà, dit-elle, mon seul bien;
   Soyez et son maître et le mien.
   Trop jeune, hélas! pour sentir sa misere,
Il ne sait pas encor bénir son bienfaiteur,
   Mais il l'apprendra de sa mere.

Le grand homme à l'enfant sourit avec douceur :
Donner est un besoin pour son ame attendrie,
    Et les seuls plaisirs de son cœur
    Peuvent délasser son génie.

    Bientôt de nombreux habitants
Vivent heureux par lui dans sa naissante ville.
Si la discorde vient troubler ce doux asyle,
    Voltaire juge ses enfants :
    Il parle, et sa douce éloquence
    Appaise les ressentiments.
L'art de toucher les cœurs fut toujours sa science.
    Il leur enseigne la vertu ;
Il sait la faire aimer de ce peuple sauvage,
    Et descend jusqu'à leur langage
    Pour en être mieux entendu.

    Un jour, assis dans la campagne,
Voltaire contemploit avec des yeux charmés
Ces champs, jadis déserts, en cité transformés,
    Lorsque du haut de la montagne
Il voit venir à lui, d'un pas précipité,
Des femmes, des enfants, pâles, baignés de larmes.
    Au milieu d'eux étoit porté
Un vieillard expirant, objet de leurs alarmes :
Leurs bras étoient son lit. Le vieillard malheureux

Tournant sur eux sa mourante paupiere:
Arrêtez, leur dit-il; j'ai touché cette terre,
Je suis libre; il suffit: recevez mes adieux.
En prononçant ces mots il est près de Voltaire,
    Qui veut en vain le secourir:
Non, non, dit le vieillard, daignez plutôt m'entendre;
    Et si mes maux touchent votre ame tendre,
Secourez mes enfants, et laissez-moi mourir.

La Suisse est mon pays. Je quittai ma patrie
A l'âge où de l'amour naît le premier desir,
Où le cœur a besoin de peine ou de plaisir
    Pour pouvoir supporter la vie:
Vers la Franche-Comté je dirigeai mes pas.
Parmi ces monts glacés, au milieu des frimas
Qui des tristes sapins font courber le feuillage,
Dans ces lieux où l'hiver étale son horreur,
Je devins amoureux; et ce désert sauvage
Fut alors à mes yeux le séjour du bonheur.
    Dès ce moment j'oubliai ma patrie.
    Uni bientôt à l'objet de mes vœux,
      Auprès d'une épouse chérie
      Chaque jour fut un jour heureux.
Les fils que vous voyez ont resserré mes nœuds.
Je cultivois le champ dont ce doux hyménée
    M'avoit rendu le possesseur;

Et lorsque, fatigué d'une longue journée,
Je regagnois le soir la maison fortunée
Où j'allois embrasser tout ce qu'aimoit mon cœur,
Alors je sentois dans moi-même
Que le travail ajoute à la félicité,
Et qu'il ne faut pour le bonheur suprême
Que la tendresse et la santé.
Hélas! j'ai tout perdu : mon épouse adorée
A fini ses jours dans mes bras.
Grace au ciel, ma douleur m'a conduit au trépas,
Et je vais retrouver celle que j'ai pleurée.
Mais, ô comble de mes malheurs!
Soixante ans de travaux restent sans récompense :
En vain j'assurai l'existence
De ces dignes enfants qui me baignent de pleurs ;
Le cruel envoyé d'un despote invisible
Est venu m'annoncer que ma maison, mes champs,
Mes biens et mes troupeaux, moi-même et mes enfants,
Appartenoient à son maître inflexible.
Les habitants, dit-il, de ces tristes climats,
Esclaves au berceau, meurent dans l'esclavage.
Si leurs fils un moment quittent leur héritage,
La loi nous l'abandonne au jour de leur trépas.
Vainement le ciel vous fit naître
Chez un peuple guerrier vainqueur de nos aïeux :
Vous êtes devenu l'esclave de mon maître

3.

En respirant l'air de ces lieux.
Du produit de votre héritage
Vendu pour enrichir ces stériles guérets,
    Vous avez cru payer le nom françois,
    Et vous avez acheté l'esclavage.
Il est un seul moyen d'échapper à nos loix :
        Allez mourir sur une terre
Où de la liberté l'on connoisse les droits ;
Vous délivrez alors votre famille entiere
        En assurant sa pauvreté,
Et vous lui laisserez à votre heure derniere
        L'indigence et la liberté.
Quelle fut ma surprise à cet arrêt sinistre !
Mes maux pour un moment furent tous suspendus ;
        Et fixant l'avide ministre,
J'eus peine à retrouver mes esprits éperdus :
Cruel, lui dis-je alors d'une voix affoiblie,
        J'ignorois tes horribles loix,
        Et je pensois dans ta patrie
        N'avoir de maîtres que tes rois.
Ô vous, mes chers enfants, secourez ma foiblesse,
Portez-moi dans vos bras, hâtez-vous, le temps presse,
        Je sens que mes jours vont finir.
Dieu juste, accorde-moi quelques instants de vie,
        Et qu'avant mon dernier soupir
        Je touche à l'heureuse patrie

  Où les peres peuvent mourir!
Mes vœux sont exaucés, j'échappe à l'esclavage.
Ô vous qui de vos pleurs mouillez mes cheveux blancs,
  Prenez pitié de mes enfants ;
Je meurs à vos genoux, c'est leur seul héritage.

  Ainsi parla le vieillard malheureux.
   Son récit fit pleurer Voltaire :
Enfants, dit-il, reprenez votre pere,
Portez dans ma maison ce fardeau précieux,
  Et ne craignez plus la misere.
 Vous, mon ami, que le chagrin cruel
  A plus vieilli que les années,
  Calmez ce désespoir mortel ;
  De plus heureuses destinées
Vont enfin commencer pour vous et pour vos fils.
Ah! vivez pour jouir des bienfaits de Louis,
  De ce roi si jeune et si sage,
Qui du bonheur public fait ses plus chers desirs,
  Et, dans le printemps de son âge,
Cherche les malheureux et non pas les plaisirs.
  Il abolit dans ses vastes domaines
Ce triste nom de SERF, détesté pour jamais ;
Il veut que ses François ne connoissent de chaînes
  Que leur amour et ses bienfaits.
Il voit avec horreur la maxime cruelle

D'opprimer ses sujets pour n'en redouter rien;
Son cœur est son conseil, et ce guide fidele
Lui dit que l'on n'est roi que pour faire du bien.
   Vos maîtres suivront ce modele:
Ministres du Seigneur, leurs devoirs sont plus saints;
Le premier de leurs vœux fut d'aimer les humains.
Louis le leur enseigne; et cet exemple auguste
   Vous fera rentrer dans vos droits.
Tels sont les doux effets de la vertu des rois:
Nul n'ose être méchant quand le monarque est juste

Le vieillard consolé par ces tendres discours
   Consentit à souffrir la vie,
   Pour voir briller ces heureux jours.
   Vain espoir! sa triste patrie
Resta seule soumise à ce joug odieux.
Ce peuple encore esclave attend sa délivrance,
Et sous un jeune roi bienfaiteur de la France
   S'étonne d'être malheureux.

F I N.

ENVOI

A MADAME DU VIVIER,

NIECE DE M. DE VOLTAIRE.

————

Ô vous, pendant trente ans la compagne et l'amie
  Du grand homme que j'ai chanté,
  Vous qui l'aimiez pour sa bonté
Tandis que l'univers l'aimoit pour son génie,
Recevez ce tribut de respect, de douleur,
  Offert aux mânes de Voltaire :
  Dire que vous lui fûtes chere
N'est-ce pas faire encor l'éloge de son cœur?

ELOGE

DE LOUIS DOUZE,

ROI DE FRANCE,

SURNOMMÉ PERE DU PEUPLE.

Nec magis sine illo nos esse felices quàm ille sine nobis potuit.
PLIN. PANÉG. DE TRAJAN.

AVANT-PROPOS.

CET ouvrage fut envoyé au concours de l'académie françoise en 1785. Le prix ne fut point donné. L'académie, en m'honorant d'une mention, blâma la forme que j'avois adoptée. Je respectai d'autant plus cet arrêt, que mes juges avoient daigné quelquefois être plus indulgents pour moi. Cette indulgence m'avoit encouragé, leur sévérité m'éclairoit; toutes deux étoient des bienfaits.

Ce qu'il y avoit de plus malheureux pour moi, c'est que ce n'étoit pas faute de réflexions que j'avois choisi cette forme que l'on me reprochoit. J'avois lu bien attentivement toutes les histoires de Louis XII; et je m'étois dit

4

après les avoir lues : « Quatre choses
« doivent faire le fond de l'éloge
« de Louis XII; sa clémence envers
« ceux qui avoient été ses ennemis;
« sa législation, qui rendit la France
« heureuse malgré les revers qu'il
« éprouva; sa bravoure et ses talents
« guerriers, qui étoient le premier
« mérite de son siecle; et l'amour ex-
« trême qu'il sut inspirer à son peu-
« ple. Mais en admirant, en adorant
« ces qualités, je ne dois point passer
« sous silence ses fautes en politique,
« comme le traité de Blois, la ligue
« de Cambrai, etc., qui firent de son
« regne une longue chaîne d'infor-
« tunes; ni les erreurs de sa jeunesse,
« comme sa révolte contre Charles
« VIII, et son divorce avec sa pre-

« miere épouse, qui tacherent pres-
« que sa vie. Il faut donc louer ses
« vertus, sans déguiser ses défauts,
« et me montrer à la fois historien
« et panégyriste. »

Une fois ce plan bien ou mal conçu,
je crus ne pouvoir mieux faire louer
sa clémence que par la Trimouille
qui l'avoit éprouvée; sa législation,
que par son garde des sceaux Poncher; sa valeur, que par Bayard; et
j'osai conduire son peuple jusques à
son lit de mort, pour donner une
image forte et touchante de l'amour
si tendre et si vrai que ce peuple por-
toit à son roi. Quant aux fautes de
mon héros, je voulus, pour les affoi-
blir, en mettre l'aveu dans sa propre
bouche; je voulus qu'il s'en accusât

lui-même, afin qu'on les excusât davantage; et je pensai que le moyen
de rendre ses erreurs pardonnables ,
étoit qu'il ne voulût pas se les pardonner.

Je me suis trompé sans doute; j'ai
mal loué Louis XII : mais enfin j'ai
parlé de lui; et son nom seul doit
rendre mon ouvrage intéressant pour
tout lecteur sensible et françois.

F. M. Queverdo del.   De Longueil Sculp.

Louis, en difant ces paroles, tend la main
au jeune François.

ELOGE

DE LOUIS DOUZE,

PERE DU PEUPLE.

Louis XII, après dix-sept ans de regne, au moment où son hymen avec Marie d'Angleterre lui donnoit un allié puissant, et déconcertoit les mesures de ses ennemis, Louis XII fut atteint de la maladie dont il mourut. Il n'avoit que cinquante-trois ans ; mais ses campagnes, et sur-tout le chagrin, l'avoient plus vieilli que son âge. Né avec un cœur tendre que le malheur n'avoit pas endurci, veuf d'Anne de Bretagne qu'il avoit adorée, il s'enflamma trop aisément pour une épouse jeune et belle. Cet amour lui coûta la vie, et à la France sa félicité.

4.

Les prieres, les larmes de tout un
peuple, ne purent sauver Louis. Il
sentit approcher sa derniere heure,
et voulut encore qu'elle fût utile. Il
fit appeller le jeune François son gen-
dre et son successeur; et ne retenant
avec lui que le brave la Trimouille,
le garde des sceaux Poncher, et Bayard
le *chevalier sans reproche*, Louis XII
dit ces paroles à l'héritier de son
trône:

Mon fils, vous allez régner à ma
place: je n'ai qu'un desir et qu'un
espoir, c'est que vous régniez mieux
que moi. La flatterie, qui poursuit
les rois jusques dans le tombeau,
pourroit vous déguiser mes fautes;
je veux moi-même vous les révéler:
et si l'aveu que j'en vais faire, si les
pieges où je suis tombé, les impru-
dences que j'ai commises, les maux
que je me suis attirés, peuvent vous
en éviter de semblables, je ne me

plaindrai point d'avoir souffert pour vous instruire, et d'avoir acheté de mon infortune le bonheur dont vous ferez jouir les François... Les François! je sens qu'à ce nom je retrouve un peu de force, et que le plaisir de parler d'un peuple que j'ai tant aimé va soutenir ma voix défaillante.

A ces mots, le jeune Valois, Poncher, la Trimouille, Bayard, laissent éclater leurs sanglots. Séchez vos pleurs, leur dit le monarque; les moments sont chers, ne les perdons pas. Je vais mourir, mais mon peuple reste; c'est de lui et non pas de moi qu'il faut s'occuper.

J'étois moins jeune que vous ne l'êtes, mon fils, quand Charles VIII me laissa le trône; j'avois déja trente-six ans. Cet âge devoit être celui de la prudence: mais j'avois mal employé ma jeunesse; et qui ne réfléchit pas de bonne heure vieillit presque tou-

jours sans fruit. Privé de mon pere
dès le berceau, mis sous la tutele
d'une mere que j'aimois tendrement,
mais que je craignois peu, je ne ré-
pondis pas aux soins qu'elle prit de
mon éducation. Je n'eus de goût, je
ne montrai d'ardeur que pour les
exercices du corps ; je méprisai les
lettres, qui m'ont depuis consolé.
Je crus que le premier mérite d'un
prince du sang françois étoit d'être
un bon chevalier, et j'oubliai que le
premier devoir d'un homme né pour
commander à d'autres hommes, c'est
d'être plus instruit que ceux qu'il
doit conduire.

Voilà, mon fils, voilà la source des
erreurs de ma jeunesse, et peut-être
des fautes de ma vie. Mon éloigne-
ment pour l'étude rendit mes passions plus fougueuses ; je m'y livrai
avec transport. Je n'avois point d'a-
mis ; j'étois prince : mes flatteurs ache-

verent de m'égarer. Je me déclarai
hautement contre madame de Beaujeu, la fille et la sœur de mes maîtres,
à qui Louis XI avoit donné la ré-
gence, et qui la méritoit par ses qualités. En vain le prudent Louis XI
m'avoit fait jurer solemnellement de
ne pas troubler ses dernieres dispositions pour la minorité de son fils ; je
fus parjure à Louis XI ; je tentai de
soulever Paris ; j'excitai Maximilien
à rompre la paix ; je pris moi-même
les armes contre mon roi ; et tandis
que je ne pouvois gouverner mon
imprudente jeunesse, j'allumai la
guerre civile en prétendant gouverner la France.

J'en fus puni. Pris à la bataille de
Saint-Aubin, par ce même la Trimouille que vous voyez ici présent,
et qui depuis m'a si bien servi, j'ex-
piai par une longue et dure captivité
le crime de m'être armé contre mon

souverain. Je n'obtins ma liberté que
pour faire un plus grand sacrifice.
J'adorois Anne de Bretagne, j'en
étois aimé : il fallut consentir, il fallut contribuer moi-même à son hymen avec Charles VIII. Ainsi (et
puissent tous les princes de la terre
avoir sans cesse mon exemple devant
les yeux!) pour avoir été rebelle, pour
avoir oublié mon devoir, je fus vaincu,
captif, et forcé de livrer ma maîtresse
à mon rival.

La mort de Charles VIII me laissa
le trône; et cette époque... Est celle
de votre gloire, interrompt la Trimouille avec transport. Après n'a-
voir été qu'un prince ordinaire, vous
fûtes le meilleur des rois. Le ciel,
qui vous donna les mêmes vertus
qu'à Titus, prit plaisir à multiplier
vos traits de ressemblance avec ce
modele des souverains. La jeunesse
de Titus, nourrie et corrompue à la

cour de Néron, ne promettoit pas
les doux fruits que porta sa maturité;
la vôtre, élevée à la cour de Louis XI,
ne vous annonçoit pas tel que nous
vous avons vu. Titus, vaillant, sensible, économe; Titus, les délices du
genre humain, ne put cependant éviter les fléaux qui désolerent l'Italie.
Vous, aussi brave que Titus, aussi
tendre, aussi avare d'impôts, vous,
le pere du peuple françois, vous n'a-
vez pu détourner les malheurs arri-
vés sous votre regne. Titus ne perdit
qu'un seul jour; mais je doute qu'il
en ait vu briller un plus beau que
celui où l'on vous présenta la liste
des officiers dont il falloit renouveller
les provisions. La plupart avoient été
vos ennemis, quelques uns vos per-
sécuteurs: vous marquâtes leur nom
d'une croix; et ils tremblerent tous.
Ils crurent voir le sceau de votre vengeance: moi-même, qui avois com-

battu contre vous, moi qui vous avois
pris les armes à la main, et qui avois
causé tous vos malheurs, j'attendois
en silence mon arrêt : *Ne craignez
rien*, nous dîtes-vous en souriant;
*cette croix, symbole du pardon que
Dieu accorda aux hommes, vous
annonce le pardon que vous accorde
mon cœur. Et quant à vous, la Trimouille, qui servîtes si bien votre
maître contre moi, vous me servirez
de même contre ceux qui voudroient
troubler l'état : soyons amis; un roi
de France ne venge point les querelles
d'un duc d'Orléans.*

Ah! sire, ces paroles retentissent
encore au fond de mon cœur; toute
la France les répéta; elles le seront
d'âge en âge; et nos derniers neveux
ne les entendront jamais sans atten-
drissement. Ils se rappelleront encore
que le fougueux prince d'Orange, a-
près avoir été votre ami, cessa tout-

à-coup de vous aimer; et qu'assiégé dans Novarre avec vous, il osa vous offenser au point de nous faire craindre un duel entre vous deux. Vous n'étiez que prince alors; à peine fûtes-vous roi, que, contre votre principe, vous vengeâtes l'injure du duc d'Orléans: vous la vengeâtes en rendant au prince d'Orange sa souveraineté, dont Louis XI avoit dépouillé son pere. Ce fut en vain que votre parlement de Dauphiné voulut faire valoir vos anciens titres sur Orange: c'est le seul jugement peut-être que vous ayez rendu avec partialité; sans examiner vos droits, vous vous condamnâtes.

Non content de pardonner à ceux dont vous aviez à vous plaindre, vous pardonnâtes à ceux même qui auroient pu se plaindre de vous: effort plus pénible et plus beau dans un roi! Madame de Beaujeu et sa famille ont

été comblées de vos bienfaits[1] : votre
vieille haine pour elle devint pour
vous une raison de ne lui rien refu-
ser. Ainsi vous sûtes tourner au profit de votre vertu les erreurs de votre
jeunesse ; et tout ce qui auroit pu ta-
cher l'histoire de votre vie devint
pour vous une occasion de gloire.

Ah ! s'écria Louis, ces traits ordinaires de justice ne réparent point à
mes yeux l'action qui ternit les premiers instants de mon regne. Je fus
clément pour mes ennemis, et cruel
pour ma premiere épouse. Je pleure
encore sur le sort de cette fille de
Louis XI, de cette malheureuse

---

(1) Monsieur et madame de Beaujeu
n'avoient qu'une fille unique, Suzanne de
Bourbon ; et le duché de Bourbon, les
comtés de Clermont et de la Marche, devoient revenir à la couronne, en cas qu'ils
n'eussent point d'enfants mâles ; c'étoit
une des conditions de leur contrat de ma-

Jeanne, à qui le ciel donna tant de vertus pour la consoler des attraits que lui refusa la nature. A peine uni avec elle, je l'accablai de mes froideurs. Sa douceur, sa patience, son amour même, n'en furent point affoiblis. Loin de se plaindre elle cachoit ses affronts, elle excusoit toutes mes fautes; et n'employant que pour moi seul le crédit qu'elle avoit sur le roi son frere, elle parvint à lui faire oublier ma révolte, et à ouvrir ma prison. Mon ingratitude ne la rebuta jamais. Au moindre succès je m'éloignois d'elle, au moindre revers elle revenoit à moi. Plus heureuse de me servir, que si je l'avois servie, elle me

---

riage. Louis dérogea à cette clause, et conserva à Suzanne cet immense héritage, en la mariant à Charles de Bourbon Montpensier, son cousin germain. C'est pour avoir voulu révoquer ce don, que François Ier s'attira tant de malheurs.

combla toujours de bienfaits, et eut
toujours avec moi l'air de la reconnoissance. Hélas! pour prix de tant
d'amour, je demandai notre divorce.
En rassemblant tous les griefs que
j'avois contre mon épouse, je ne pus
lui faire d'autre reproche que de manquer de beauté. J'osai, j'osai m'en
prévaloir, et soutenir devant mes juges, que, forcé par Louis XI de devenir l'époux de sa fille, je ne l'avois
été que de nom. Qu'il le jure, répondit la modeste Jeanne, je m'en remets
à son serment [1]. Amis, je le fis cet af-

_____

(1) Les commissaires poussèrent l'indé-
cence jusqu'à demander la visite et le té-
moignage des sages-femmes, pour certifier
si le mariage avoit été consommé. Jeanne
rejetta cette proposition avec l'indignation
et la hauteur qui lui convenoient. Elle pria
les commissaires d'interroger le roi lui-
même, et de prononcer la sentence sur ses
réponses. Louis XII ne se soumit qu'avec

freux serment ; je trahis la vérité. Les
nœuds de notre hymen furent brisés,
et Jeanne ne se plaignit pas. Retirée
loin de la cour, elle alla finir dans les
larmes et dans la piété des jours que
j'avois remplis d'amertume. J'épou-
sai mon ancienne amante, et Jeanne
mourut en me pardonnant. Mais ni
mon peuple ni mon cœur ne me par-
donnerent comme elle ; dans toute
la France il s'éleva de justes murmures, et mon bonheur fut troublé par
le remords dévorant.

Sire, lui dit alors le garde des sceaux,

---

beaucoup de répugnance à cet interroga-
toire ; mais enfin il s'y soumit, et jura n'a-
voir jamais connu la reine, quoiqu'il fût
certain et prouvé qu'ils n'avoient eu le
plus souvent qu'une même table et un
même lit : le mariage fut déclaré nul. Toutes les réponses de Jeanne à ses juges,
avant qu'elle s'en remît au serment du roi,
sont nobles et touchantes : les voici mot à

5.

votre sensibilité vous exagere vos
torts. Jeanne fut vertueuse sans doute, et nous devons tous des larmes à
ses malheurs : mais Jeanne elle-mê-
me n'avoit pas l'espoir de vous donner un héritier ; et il étoit important,
pour le repos du royaume, que Louis
XII devînt pere. Un intérêt plus grand
encore sembloit prescrire ce divorce.
La veuve de Charles VIII, Anne de
Bretagne, rentroit, à la mort de son
époux, en possession de ce beau duché. Un second hymen avec tout
autre prince que vous donnoit la

---

mot : « Messeigneurs, je suis femme, ne
« me connois en procès, et sur toutes au-
« tres affaires me déplaît l'affaire de pré-
« sent : je vous prie me supporter, si je
« dis ou réponds chose qui ne soit conve-
« nable. Je sais que je ne suis si belle ni si
« bien faite que la plupart des femmes,
« mais je n'eusse pourtant jamais pensé
« que de cette maniere eût pu venir aucun

Bretagne à vos ennemis, et rendoit à jamais impossible sa réunion à la couronne. Tous les bons citoyens se souvenoient que la France avoit été sur le point de périr parcequ'Éléonore de Guienne, après avoir été notre reine, alla donner ses provinces à un souverain d'Angleterre, et lui fournit ainsi le prétexte et les moyens d'ébranler le trône de nos rois. Sire, cet exemple devoit faire trembler. Le bien de l'état, raison sans réplique, exigeoit que Louis XII s'unît à la veuve de Charles VIII. Le parjure

---

« procès entre monseigneur le roi et moi ; « je ne le soutiens qu'à grand regret, pour « la décharge de ma conscience, et sans « cela, ne le ferois pour tous les biens et « honneurs du monde : et je supplie mon- « seigneur le roi, dont je desire faire le « plaisir, ma conscience gardée, de n'être « mécontent de moi ». (Procès manuscrit du divorce.)

qui brisa vos premiers nœuds fut un crime sans doute: mais ce crime ne fut que pour vous seul, il devint un bienfait pour vos sujets, à qui vous épargnâtes des guerres civiles; et lors que votre cœur vous le reproche, la patrie vous en absout.

Le peuple murmura, dites-vous: dites aussi comment vous punîtes ces murmures. Vous diminuâtes les impôts[1]; vous refusâtes les subsides que les états, assemblés à Tours, avoient eux-mêmes réglés pour le sacre de nos rois; et non content de ces bienfaits, vous prîtes l'engagement, que vous avez tenu depuis, de réduire vos revenus à la somme volontairement offerte par ces mêmes états à Charles VIII. Vous fîtes plus; et la France vous est redevable du plus beau, du plus utile des réglements. Avant vous,

_____

(1) Édit de 1499.

les gens de guerre, aussi redoutables
aux citoyens qu'aux ennemis, pil-
loient, désoloient les campagnes, se
payoient par leurs propres mains, et
comptoient au rang de leurs privileges la rapine et le brigandage : vous,
le plus vaillant de nos rois, vous,
dont l'enfance et la jeunesse furent
nourries dans les camps, à peine fûtes-vous sur le trône que vous ne
songeâtes qu'à protéger les laboureurs contre les soldats. Vous ne vous
bornâtes point à de simples ordres,
qui n'ont d'effet qu'un moment, et
sont bientôt oubliés et des sujets et
du maître ; vous rendîtes stable à jamais le bien que vous faisiez à la
France. Vos premiers édits assigne-
rent des fonds permanents destinés
à payer vos troupes. Certaines désormais de recevoir leur salaire à l'instant où il étoit dû, elles n'eurent plus
de prétexte pour rançonner vos su-

jets. Votre cœur trouvoit encore ces
réglements insuffisants ; et je me plais
à rappeller devant votre successeur
toutes les précautions que vous sug-
géra votre tendresse pour vos peuples. Vous enjoignîtes à vos gens d'armes de prendre toujours leurs quartiers dans des villes murées ; vous
leur défendîtes d'approcher des vil-
lages , de s'écarter jamais dans les
campagnes , et vous rendîtes leurs
chefs responsables des désordres qui
seroient commis. Par ces moyens si
simples, si faciles, le laboureur, jadis
dépouillé par ceux qu'il payoit pour
le défendre , recueillit en paix ses
moissons. Il bénit le nom d'un roi
qui veilloit sur sa chaumiere. Il vous
donna de bon cœur le tribut qu'autrefois il falloit lui arracher ; et les
larmes ameres que faisoient couler
les impôts furent changées en des
larmes de reconnoissance et de joie.

Vos guerriers eux-mêmes y gagne-
rent. Forcés de remplir tous les devoirs de défenseurs de la patrie, ils
oublierent à la fin cette indigne rapine
qui déshonoroit leur bravoure : grace
à vous, ils atteignirent à toute la hauteur de leur noble emploi ; et la valeur, qui jusques là avoit été leur
seule vertu, devint la compagne d'une
vertu plus belle, l'humanité.

Ici Louis XII voulut interrompre
le garde des sceaux, et l'empêcher de
poursuivre ; mais Poncher continuant
d'une voix ferme : Sire, lui dit-il, je
ne vous ai jamais flatté pendant votre vie, souffrez aujourd'hui mes
louanges pour apprendre à ce jeune
prince à mériter d'être loué. Souffrez que je lui prouve par votre exemple que la source de toutes les vertus
dans un roi n'est autre chose que l'a-
mour de son peuple. C'est cet amour
qui fit naître en vous une qualité peu

brillante, mais peut-être la plus nécessaire au bonheur public ; je veux
parler de cette sage économie qui,
au milieu des guerres les plus désas-
treuses, vous sauva toujours du malheur d'augmenter les impôts. Vainement vos ennemis, et quelques uns
de vos courtisans, cherchèrent à jetter du ridicule sur une vertu qui faisoit la félicité de vos peuples ; vainement ils poussèrent l'insolence jusqu'à jouer sur le théâtre ce qu'ils ap-
pelloient votre avarice : vous, plus
occupé de rendre heureux ceux qui
vous railloient, que de punir leurs
railleries, vous répondîtes avec douceur : *Laissons-les se divertir ; ils
peuvent nous apprendre des vérités
utiles. D'ailleurs j'aime beaucoup
mieux faire rire mes courtisans de
mon avarice , que de faire pleurer
mon peuple de ma prodigalité.*

Cette même économie qui fermoit

toujours vos trésors aux demandes de
la cupidité, les ouvroit avec joie pour
tous les établissements utiles. Vous
ne ménageâtes rien pour procurer à
vos sujets une justice plus facile et
plus prompte, et vous attaquâtes le
mal dans sa source, en réduisant le
nombre de ces sang-sues publiques
dont la vue seule vous causoit un
mouvement de colere. Le grand
conseil obtint par vous une forme
meilleure et plus stable. En confir-
mant aux tribunaux le droit d'élire
leurs membres, vous prîtes toutes
les mesures que la sagesse humaine
peut inventer, pour que le choix des
électeurs tombât toujours sur le plus
digne. Non seulement vous exigeâ-
tes des vertus dans ceux qui devoient
punir les vices, mais vous ordonnâtes
que tous vos baillis, tous vos sénéchaux, fussent gradués ; et pour vous
assurer davantage de leurs qualités et

6

de leurs lumieres, vous voulûtes que vos magistrats répondissent les uns des autres. Souvenez-vous de cette ordonnance qui n'a pu être conçue que par un roi dévoré de l'amour de l'ordre ; de cet édit qui enjoint à vos présidents *de s'assembler tous les quinze jours, ou au plus tard tous les mois, pour informer sur la conduite de ceux des conseillers qui ne rempliroient pas leurs fonctions avec le zele, avec l'honneur, avec la gravité qu'elles exigent.* Vous vous faisiez rendre compte de ces assemblées; et jugeant vous-même ceux commis par vous pour juger les autres, vous connoissiez dans quelles mains vous aviez remis votre balance et votre glaive, et sur qui vous vous reposiez de la plus noble fonction des rois. Ainsi, corrigeant les abus qui dégradoient la magistrature, vous lui rendîtes en un moment sa véritable di-

gnité ; et vous fîtes le premier comprendre à votre fiere noblesse que
tout l'honneur n'étoit pas dans l'art
de tuer les hommes, et qu'elle pouvoit, sans déroger, défendre la veuve
et l'orphelin.

Avant vous, deux grandes provinces, la Normandie et la Provence, n'a-
voient de juges que pendant quelques
semaines ; et ces tribunaux momen-
tanées manquoient souvent de lumieres, et presque toujours de temps.
Vous leur donnâtes des parlements
fixes : et avant de les ériger, vous
prîtes soin de consulter les états des
deux provinces ; car, même pour rendre plus heureux vos peuples, vous
avez toujours respecté leurs privileges. Crainte salutaire, qui retarde
quelquefois le bien, mais qui rend
le mal impossible. Enfin, vous avez
couronné tant d'utiles établissements
par cet édit mémorable où vous

ordonnéz *de suivre toujours la loi,
malgré les ordres contraires à la loi,
que l'importunité pourroit arracher
au monarque* [1]. Maxime admirable,
et si digne du bon roi qui, en répri-
mant les gens de guerre, en éclairant
les magistrats, en établissant des tribunaux, assura pour jamais à des mil-
lions d'hommes les deux premiers
biens de la vie, la justice et le repos!

Plût à dieu, s'écria le roi, que
j'eusse chéri davantage ce repos, sans
lequel il n'est point de bonheur! Plût
à dieu que, renonçant à des provinces qui m'appartenoient sans doute,
mais qui étoient trop loin de moi, je
me fusse contenté du vaste royaume
que le ciel m'avoit donné! La France
devoit me suffire. Tant qu'elle ren-
fermoit un seul malheureux, il étoit
plus pressant de le soulager que d'al-

---

(1) Édit de 1499.

ler conquérir d'autres pays. L'exemple de Charles VIII auroit dû m'instruire. Ses succès en Italie, sa marche triomphale jusqu'à Naples, sa victoire de Fornoue, ne lui produisirent d'autre fruit que la perte de son armée, l'épuisement de ses finances, et le renom d'un brave imprudent. J'avois condamné son erreur; et moi, plus âgé que lui, moi qui sentois que la vraie gloire consiste à rendre ses peuples heureux, j'abandonnai cette gloire si belle pour aller chercher les combats. Je préférai la conquête incertaine du Milanez et du royaume de Naples à la conquête sûre et facile des cœurs de tous mes sujets. Je ne voulus pas, pour cette entreprise, établir de nouveaux impôts; mais j'introduisis la vénalité dans les charges de finance, et je rendis possible, par cet abus, une vénalité plus importante. Ah! mon fils,

6.

ne m'imite pas. Respecte du moins
la magistrature: ne souffre pas qu'on
l'avilisse en la mettant à prix d'argent; et souviens-toi que, pour inter-
préter les loix, un sens droit et un
cœur sensible sont plus nécessaires
que des richesses.

Cette vénalité des charges répu-
gnoit à mon cœur et à ma raison;
mais j'eus la foiblesse de céder au
besoin des ressources, au desir vio-
lent de conquérir mon héritage, à
l'ascendant qu'avoit sur moi ce digne
ami, ce sage ministre qui m'aimoit
avant que je fusse roi, et qui aima
mon peuple pour me plaire. D'Amboise, toi que j'ai tant pleuré, toi
dont la France chérira toujours la
mémoire, tu m'as fait commettre
des fautes; tu signas le traité de Blois
qui assuroit à l'empereur la plus belle
moitié du royaume; tu te laissas trom-
per souvent, et tu fus un moment

enivré de l'espoir de porter la tiare :
mais c'étoit ton amour pour moi qui
seul causoit tes erreurs. Tu desiras
d'être pape, parceque le pape pouvoit m'être utile ; et si tu oublias
quelquefois la prudence, jamais tu
n'oublias ni l'honneur, ni l'amitié.
Va, contente-toi de ce partage; laisse
à d'autres ministres, dont la mémoire
est détestée, le triste avantage d'avoir
trompé tant de princes, et d'avoir
subjugué le leur: tu ne trompas personne ; tu chéris ton roi, et rendis
mes sujets heureux. Qu'importe que
l'on t'admire moins, si l'on t'a béni
davantage?

D'Amboise fut ébloui comme moi
de la conquête du Milanez : nous ne
rougîmes pas tous deux, car nos cœurs
régnoient ensemble, nous ne rougîmes pas d'allier mon nom à celui de
César Borgia, de cet exécrable fils du
plus exécrable des hommes. Regarde,

Valois, regarde jusqu'où peut aller
l'aveuglement des conquêtes! moi,
plus chevalier que roi, moi qui aurois préféré de mourir plutôt que de
manquer à l'honneur, je reçus dans
ma cour, je comblai de mes bienfaits
le fils d'Alexandre VI ; mes François, mes braves François, marche-
rent sous ses drapeaux; et Louis XII
fut l'allié de ce pape qui souilla la
chaire de saint Pierre par des crimes
inconnus jusqu'à lui, dont les moindres forfaits furent des assassinats,
dont l'empoisonnement fit les délices, qui laissa loin derriere lui les
monstres de l'ancienne Rome, et qui
prouva sans doute mieux que les
saints mêmes la divinité de notre re-
ligion, puisque les hommes sont res-
tés chrétiens sous un tel chef de l'é-
glise.

Le juste ciel me punit de cette coupable alliance : vainement je m'em-

parai du Milanez; vainement le traî-
tre Ludovic, réduit à fuir devant moi,
me fut livré par ces mêmes Suisses
qui depuis... ils étoient fideles alors.
Je sentis que ma conquête alloit m'é-
chapper : et j'achevai ma ruine en
voulant la prévenir, en partageant le
royaume de Naples avec ce roi d'A-
ragon, ce Ferdinand nommé *le ca-
tholique* par ses flatteurs, et *le perfide* par ses alliés ; ce roi dont la politique comptoit pour rien les serments, dont l'unique regle fut son
intérêt, et qui se vanta bassement de
m'avoir trompé dix fois, quand ma
crédule amitié ne lui reprochoit que
deux parjures [1]. Tel fut l'ami que
j'allai choisir pour lui donner la moi-

---

(1) Quand l'ambassadeur de Ferdinand
lui rapporta que Louis XII se plaignoit
d'avoir été trompé deux fois par lui, Ferdinand répondit : «Il en a bien menti, l'i-

tié de ce beau royaume de Naples,
toujours conquis et toujours perdu
par les François. Les trahisons, les
perfidies de Ferdinand , soutenues
par les talents de Gonzalve le grand
capitaine, m'eurent bientôt enlevé
la moitié que je m'étois réservée; et
tandis que César Borgia employoit
mes troupes à déposséder les voisins
de Rome, à réduire par mes armes
ceux qui étoient à l'abri de ses poi-
sons, le pontife son pere vendoit mes
intérêts à l'Espagne, soulevoit contre
moi les Suisses, et excitoit à m'attaquer et Venise et l'empereur. Ainsi,
également trompé par mes ennemis
et par mes alliés, seul, en butte aux
perfidies de Ferdinand, du pape, de
son fils, et de tous les princes d'Italie,

« vrogne, je l'ai trompé plus de dix ». C'est
sans doute pour punir Ferdinand de ses
perfidies que l'histoire a conservé ce mot
grossier.

que j'avois ou secourus ou soumis,
je vis détruire mes armées, et perdis
toutes mes conquêtes. Juste châti-
ment de mon alliance avec des monstres ; car je n'ai jamais douté, mon
fils, que le ciel n'ait voulu m'en punir : le ciel étoit irrité sans doute,
puisque nous fûmes toujours défaits,
et que Bayard combattoit pour nous.

Oui, sire, s'écria le bon chevalier,
nous fûmes battus à Seminara , à
Cérignole, au Garillan : d'Aubigny,
Nemours, la Palisse, Louis d'Ars et
moi, nous n'avons pu résister à Gonzalve ; et l'art funeste des mines, in-
venté par Pierre Navarre, nous enle-
va les châteaux de Naples : mais nous
fûmes toujours vainqueurs quand
vous nous avez commandés. Rappellez-vous, sire, votre descente en Italie [1] quand vous vîntes venger nos affronts, les Génois forcés dans leurs

_____

(1) Année 1507.

montagnes escarpées, les rebelles dis-
sipés en un moment, Gênes prise, et
notre vaillant roi faisant son entrée
triomphale à la tête de son armée. Je
vous vois encore, sire, affecter dans
vos regards une sévérité qui n'étoit
pas dans votre cœur. Ce peuple tant
de fois coupable, ce peuple qui s'étoit
porté contre les François à des hor-
reurs qui font frémir la nature [1], at-
tendoit son arrêt en tremblant ; il n'o-
soit espérer de grace, il savoit qu'il
n'en méritoit point : mais c'étoit
Louis qui venoit de le vaincre, Louis
alloit pardonner. Gênes fut sauvée ;

---

[1] Les Génois révoltés allerent investir
une petite forteresse appellée le Castellac-
cio, où Renaud de Noailles commandoit
avec vingt soldats seulement. Il obtint la
liberté d'en sortir avec les honneurs de la
guerre : mais les Génois, violant la capi-
tulation, fendirent le ventre aux uns, leur
arracherent le cœur et les entrailles, se la-

et ce peuple, rebelle et féroce, éprouva dans le même jour le courage et
la clémence de mon roi.

Des ennemis plus redoutables, les
Vénitiens, furent bientôt défaits à
leur tour. Agnadel, nom célebre à jamais par les exploits de mon maître!
Agnadel, c'est dans tes plaines que
Louis fut à la fois et général et chevalier! C'est là que ses conseils éclai-
rerent la Trimouille, et que sa valeur
effaça tout ce que nous étions de braves dans son armée. En vain, sire,
vos ennemis, plus nombreux que
nous, maîtres des hauteurs, et re-
tranchés derriere un ravin, avoient

---

verent les mains dans leur sang, taillerent
en morceaux les autres, et firent mourir
les femmes « qui là étoient, de tant cruelle
et étrange mort, que l'horreur du fait dé-
fend d'en dire la maniere ». Ce sont les ter-
mes de la chronique; et voilà le peuple à
qui Louis XII pardonna.

7

pour eux l'avantage du poste, et se voyoient commandés par Petiliane et l'Alviane, les deux plus grands généraux d'Italie. Nous, nous avions notre roi, et ce roi étoit un héros. Malgré le feu redoublé de l'artillerie, qui emportoit des rangs entiers de vos Suisses, vous courûtes à ce ravin, vous le franchîtes à la tête de vos Gascons; et vous élançant, l'épée à la main, à travers le carnage et le feu, vous précipitant par tout où le péril étoit le plus grand, attaquant tout ce qui résistoit, et employant à la fois pour vaincre et votre tête et votre bras, vous fîtes fuir les ennemis et fîtes pâlir vos sujets. Oui, sire, rappellez-vous que tremblants pour vos jours, et pouvant à peine vous suivre au milieu des lances vénitiennes, nous vous suppliâmes de moins exposer votre personne sacrée : *Ce n'est rien, nous dîtes-vous ; ceux qui ont peur n'ont qu'à se mettre à couvert derriere moi.* Ô mon maître! ô mon héros! j'aimois la gloire sans doute; mais combien je l'aimai davantage quand je vous en vis couvert! Ô valeur, que tu es belle, sur-tout dans un roi! Car, qu'un soldat comme Bayard, qui n'a de bien que son épée, cherche le tré-pas ou l'estime, il remplit son devoir et son sort. Mais que vous, roi de la France, amant d'une épouse qui vous adore, pere d'une fille chérie, maître de passer vos jours dans les tendres soins, dans les douces jouissances d'un époux, d'un pere, d'un monarque heureux; que vous, à la fleur de l'âge, vous quittiez vos états, votre palais, tout ce qui vous est cher, pour aller coucher sur la terre, pour aller donner à vos guerriers l'exemple de la tempérance, et pour les devancer tous quand il faut affronter la mort, voilà, voilà le comble de l'héroïsme, et c'est avec respect et justice que Bayard vous cede la palme de la valeur.

En disant ces mots, Bayard met un genou à terre, et baise la main du roi. Bon chevalier, lui dit le monarque, grace au ciel, je fus toujours insensible aux flatteries de mes courtisans ; mais quand Bayard loue mon courage, je ne puis me défendre d'un mouvement d'orgueil. Oui, mon brave ami, mon compagnon d'armes, mon cœur éprouve une douce joie, quand tu dis qu'il ressemble au tien. Mais cesse d'exagérer le mérite de cette valeur héréditaire aux princes françois ; elle leur fut souvent funeste. Le brave Jean perdit la France, l'intrépide Saint Louis pensa la perdre ; tous deux acquirent de la gloire dans les combats, mais leurs exploits leur valurent des fers. Combien en coûta-t-il pour les briser !

Puisse mon successeur, aussi vaillant que ces deux héros, se souvenir de tout le sang qu'ils ont fait verser, et des provinces qu'il fallut donner pour leur rançon ! Triste condition des rois, dont les moindres défauts font le malheur de tout un peuple, et dont les vertus même sont quelquefois funestes !. J'ai arrosé de mes pleurs les lauriers cueillis à Agnadel : je détruisois moi-même le seul peuple d'Italie qui devoit être mon allié. Quelques légeres injures des Vénitiens me firent oublier que mon intérêt et le leur nous prescrivoient de rester unis. Le desir de rabaisser l'orgueil de ces fiers républicains m'empêcha de sentir qu'ils étoient la seule digue que je pouvois opposer à Maximilien, de tout temps mon ennemi; au perfide Ferdinand, l'usurpateur de mes états de Naples; et à ce fameux pape, Jules II, ce guerrier, pere des fideles, qui

fit un casque de la tiare, et passa au
fil de l'épée les chrétiens qu'il devoit
bénir. Combien la colere aveugle les
rois ! je choisis mes plus cruels ennemis pour me liguer avec eux dans
Cambrai, pour accabler de concert e
seul peuple qui pouvoit me défendre. Mes plus grands, mes plus heureux exploits furent contre ce peuple : je défis les Vénitiens ; et, bientôt trompé par le pape, trahi par Ferdinand, attaqué par les Suisses que
mes alliés firent soulever, tout le fruit
de cette fameuse ligue de Cambrai fut
d'avoir à combattre tous ceux pour
qui j'avois combattu. Et toi, dont le
souvenir m'arrache encore des larmes, toi, l'honneur de ma maison,
le héros, l'espoir des François, jeune
grand homme, qui n'eus besoin que
de peu d'années pour acquérir autant de gloire que les plus vieux et
les plus illustres généraux, ô Gaston

de Foix, que n'ai-je pu payer de tous
mes états d'Italie tes jours moisson-
nés à Ravenne ! Que n'ai-je pu du
moins combattre à tes côtés, et te
défendre, ou mourir ! Bologne, Bres-
se, Ravenne, théâtres de tes triom-
phes, ne se nommeront jamais sans
attendrir tous les cœurs françois, et
sans arracher de tous les autres des
éloges et des respects.

Malgré les victoires de Gaston,
malgré tes exploits, Bayard, nous
perdîmes sans retour et Naples et le
Milanez ; je vis enlever la Navarre à
un prince de mon sang ; les Suisses
vinrent assiéger Dijon ; et, sans ta
valeur, la Trimouille, sans ta sagesse
et tes talents, les ennemis péné-
troient jusques au cœur de la France : tandis que tu défendois la Bour-
gogne, l'Espagnol attaquoit mes fron-
tieres, et l'Anglois me prenoit mes
villes et Bayard. Tout étoit perdu,

tout l'étoit par ma faute, pour avoir
rompu avec les Vénitiens, pour m'ê-
tre joint à mes ennemis, pour avoir
ménagé le pape, et cédé aux foibles
terreurs d'Anne de Bretagne, mon
épouse, dont la piété mal éclairée
voyoit toujours le successeur de saint
Pierre dans un pape allié des Turcs,
et me forçoit à des égards envers un
pontife qui détruisoit mes armées,
et mettoit mon royaume en interdit.
Je ne sentois que trop l'empire de
mon épouse, et je sentois qu'elle en
abusoit ; mais je l'aimois, et j'en étois
aimé : mon cœur fut toujours la cause
de toutes les fautes de mon esprit.

J'étois sur le point de tout réparer ; mon hymen avec la sœur de
Henri VIII, mon alliance avec l'Angleterre, alloient me venger à la fois
de Ferdinand, de Maximilien et du
pape : la mort arrête mes projets.
C'est à vous, mon fils, à les suivre,

ou plutôt à en concevoir de meilleurs.
Croyez un roi qui vous aime, qui ché-
rit sur-tout votre peuple, et qui va,
dans un instant, répondre à Dieu de
tous les malheurs qu'il a causés. C'est
au lit de la mort que l'on voit mieux
le néant des conquêtes ; croyez donc
ce que vous dit un roi mourant.

Je vous laisse le plus beau royaume de l'Europe ; votre peuple, brave,
fidele, industrieux, est doué par-des-
sus tous les peuples d'un amour pour
ses rois, qui lui rend tout facile. Je
n'ai jamais oublié, et tous mes suc-
cesseurs doivent s'en souvenir, qu'a-
près mes premiers revers en Italie,
je demandai des secours à mon peuple ; il m'offrit plus d'argent que je
n'en voulois. Ma victoire sur Gênes
rendit cet argent inutile ; je priai mon
peuple de me le garder[1] : et voilà com-

_____

(1) En 1507, Louis XII , ayant calculé

ment il faut traiter avec lui. Chez
toutes les nations du monde, ce sont
les biens qui paient les impôts; en
France, ce sont les cœurs. Aimez
donc ce peuple sensible, qui souffrira
tout sans murmure, s'il est sûr d'être
chéri. J'en suis un exemple, mon fils:
je leur ai fait passer six fois les Alpes;
ils se sont vus, sous mon regne, battus
en Italie, attaqués en Gascogne, en
Languedoc, en Picardie, en Bourgo-
gne, en Franche-Comté; mes fautes

---

que ses revenus et ses épargnes ne lui suf-
firoient pas pour l'expédition d'Italie, demanda à ses principales villes des secours
extraordinaires, et ne se pressa pas de les
lever. Il fut vainqueur des Génois plutôt
qu'il ne l'avoit espéré, et il écrivit à ses
peuples, en leur annonçant ses succès,
« qu'ils n'avoient qu'à garder leur argent,
« qu'il profiteroit mieux dans leurs mains
« que dans ses coffres. » (Histoire de
Louis XII.)

de politique ont fait verser des flots
de leur sang, et ont épuisé leurs trésors : ils m'ont tout pardonné, parcequ'ils savoient bien que je pleurois
le premier de leurs maux. Ô nation
aimable et fidele, dont le premier besoin est d'aimer tés rois ! Eh! quelle
seroit leur erreur d'aller chercher
ailleurs d'autres sujets ! où en trou-
veroient-ils qui te valussent ?

Mon fils, contentez-vous donc de la
France, votre partage est assez beau ;
mettez votre gloire à la rendre heureuse, et non pas à l'agrandir : ou, si
une noble émulation vous anime,
tournez-la du côté des arts. Eux seuls
vous manquent, et voici le siecle où
ils semblent s'élever à leur plus haute
perfection.

Les navigateurs du Portugal ont
déja découvert un passage aux Indes ;
ceux de l'Espagne sont à la recherche
d'un monde nouveau. L'Italie, de

tout temps féconde en grands hommes, rassemble dans son sein des
chefs-d'œuvre de tous les genres. La
cour de Léon X, du successeur de
Jules mon ennemi, devient l'asyle des
beaux arts : la peinture, la sculpture,
la noble et simple architecture des
anciens, la poésie et les belles-lettres
qui consolent dans l'infortune, qui
rendent doux et modéré dans la pros-
périté, tout fleurit en Italie. Voilà ce
qu'il faut aller conquérir, et non pas
le Milanez. Oublie de foibles états,
plus à charge qu'utiles à un monarque éloigné. Abandonne des sujets
perfides, qui détestent le joug françois, et qui ont oublié l'art de vaincre, pour perfectionner l'art de trahir. Tes terres valent mieux que les
leurs, tes sujets sont plus braves et
plus fideles. Il ne manque aux François que des lumieres, pour être le
premier des peuples. C'est le seul

avantage que l'Italie ait sur nous. J'ai vu dans nos guerres du Milanez, quand nous étions vainqueurs de nos ennemis, observateurs religieux des traités, protecteurs des foibles et l'effroi des méchants ; j'ai vu la cour d'A lexandre VI, où chaque jour étoit marqué par des empoisonnements, traiter les François de barbares : et cet orgueil n'étoit fondé que sur les beaux arts qu'elle avoit de plus que nous. Va donc les enlever à l'Italie, transporte-les dans notre France : ton peuple, spirituel autant que sensible, surpassera bientôt ses maîtres. Paris deviendra, je l'espere, l'asyle de tous les arts, le temple de tous les talents, le centre de la politesse, et l'école du monde entier. Ô heureux temps, dont je jouis en espérance, où, laissant à la foible Italie les états que j'ai tant souhaités, nous aurons conquis ce qui fait sa gloire, et où le siecle d'un roi de mon sang effacera le siecle des Médicis!

Voilà mes vœux, mon cher fils : c'est à toi de les remplir, ou du moins de tout préparer pour leur entier accomplissement. Mais que l'amour même des arts, si préférable à l'amour des conquêtes, ne te fasse pas oublier ton peuple. Demeure dans l'ignorance, plutôt que d'acheter la lumiere en accablant la France d'impôts. Le bonheur du peuple, voilà le premier devoir, la plus pressante occupation d'un roi. Pense-s-y toujours, mon fils, et pense-s-y d'autant plus que tes courtisans ne t'en parleront jamais.

Louis, en disant ces paroles, tend la main au jeune François. Celui-ci se jette dans ses bras, en fondant en larmes, en pressant le roi mourant contre son cœur, et demandant à Dieu, avec des sanglots, de prolon-

ger les jours de celui qu'il veut prendre pour modele. La Trimouille,
Poncher, Bayard, tombent à genoux
autour du lit, élevent leurs bras vers
le ciel, et joignent leurs prieres et
leurs larmes à celles du jeune Valois,
quand tout-à-coup on entend retentir le palais de cris plaintifs, de gé-
missements, de mille voix confon-
dues avec des sanglots. Louis, éton-
né, prête une oreille attentive; et ce
triste bruit vient toujours croissant,
jusqu'à ce qu'enfin les portes de son
appartement s'ouvrent avec fracas,
et un flot de peuple se précipite et
tombe à genoux devant Louis.

Pardonnez, s'écrient-ils, ô le meilleur des rois, pardonnez si nous avons
forcé vos gardes, si nous avons brisé
vos portes. Nous n'espérons plus que
le ciel vous rende à nos vœux, à nos
larmes, et nous voulons vous voir encore, nous voulons contempler no-

tre pere, et ne pas perdre un seul des
instants que nous allons tant regret-
ter. Ah! laissez-nous, laissez-nous
jouir du reste de notre bonheur, laissez-nous regarder et entendre encore
le bon roi qui nous aima si bien.

En disant ces mots tous se pressent autour du lit, tous se proster-
nent et poussent de longs gémisse-
ments. Quelques uns relevent leur
tête et essuient les larmes qui rem-
plissent leurs yeux, pour mieux considérer Louis, pour mieux saisir sur
son visage la moindre lueur d'espérance. Mais la pâleur de Louis ne
leur laisse plus d'espoir; leurs larmes
coulent avec plus d'abondance, et
leur tête retombe sur leur poitrine.
D'autres baisent les meubles qui lui
ont servi, les vêtements qu'il a por-
tés, les voiles qui couvrent son lit.
Tous rappellent ses bienfaits : Il m'a
rendu mes biens, disoit l'un ; Il a

garanti mes champs du pillage, disoit l'autre; Il m'a sauvé la vie à
Agnadel, s'écrioit en sanglottant un
vieux soldat; Je suis Génois, inter-
rompoit un archer couvert de bles-
sures, j'étois parmi les révoltés, il me
donna ma grace, et nourrit mes enfants. Et moi, disoit un vieillard, je
fus plus coupable que vous [1], je suis
Standonck, nom trop célebre par mes
fureurs contre Louis. Je fis révolter
l'université, j'outrageai Louis dans
mes discours, je fis des libelles contre

(1) Ce Standonck, qui fut recteur de
l'université, mourut en 1504; ainsi, il ne
pouvoit être à la mort de Louis XII, arrivée en 1514 : mais on s'est cru permis de
faire cet anachronisme, pour pouvoir pla-
cer dans l'éloge de Louis XII un des plus
beaux traits de clémence de ce bon roi.
L'anecdote du peuple forçant les portes de
son palais, et environnant son lit en pleurant, n'est pas dans l'histoire; mais on n'a

8.

lui; le parlement me bannit à perpétuité, et Louis fit abolir l'arrêt. Il me
punit de mes injures en écrivant lui-
même mon éloge; il se vengea de mes
insultes en me rétablissant dans mes
honneurs. Alors tous crioient à la
fois : Dieu tout puissant, prenez nos
jours, et conservez à nos enfants notre bon roi !

Ce spectacle, ces larmes, ces cris,
achevent d'épuiser les forces du mourant Louis. Il se souleve avec peine;
il veut parler, il ne peut que pleurer.
Il regarde ce peuple en souriant à

---

qu'à relire quelle fut la désolation de la
France lorsque Louis XII fut malade en
1505, on verra qu'on n'a rien exagéré,
qu'on a transporté seulement cette époque
à celle de la mort du roi, en y ajoutant une
situation dramatique : on a pensé qu'au-
cune invention n'étoit mensonge quand il
falloit exprimer l'amour du plus sensible
des peuples pour le plus aimé des rois.

travers ses larmes ; son ame, prête à
s'échapper, s'arrête pour jouir encore
de l'amour de ses sujets. Mais il sent
que le moment approche; et faisant
un dernier effort, il saisit la main de
François Ier, et lui dit d'une voix
éteinte : Regardez, mon fils, regardez, et jugez s'il est doux d'être roi
d'un tel peuple. Hélas ! je ne demande à Dieu, je ne demande à vous
qu'une grace, c'est que vous leur fas-
siez oublier Louis XII, en les rendant plus heureux qu'ils ne l'ont été
sous mon regne. Le moyen en sera
facile, mon fils; aimez-les comme
vous voyez qu'ils savent aimer. Tout
l'art de régner sur des François consiste dans un seul mot, aimez-les. En
disant ces paroles il expire, et tout le
peuple jette un cri lamentable. A ce
cri succede un silence morne et profond. Chacun se releve, regarde long-
temps le visage pâle du bon roi; et

sortant du palais, les yeux baissés et
noyés de larmes, ils vont crier dans
les rues et dans les places publiques,
*Le bon roi Louis XII, le pere du
peuple, est mort.*

F I N.

CONTES

EN VERS.

F. M. Queverdo inv. del.   Delignon Sculp.

il court vers elle, il hennit de plaisir

CONTES

EN VERS.

LE CHEVAL D'ESPAGNE.

A M. DE SAINT-LAMBERT.

On court bien loin pour chercher le bonheur;
A sa poursuite en vain l'on se tourmente :
C'est près de nous, dans notre propre cœur,
Que le plaça la nature prudente.
Ô Saint-Lambert! qui le sait mieux que toi?
Toi qui vécus dans les camps, à la ville,
Près de Voltaire, à la cour d'un grand roi,
Tu quittas tout pour un champêtre asyle.
Là, méditant sous des ombrages frais,
Tu sais goûter ces biens, ces plaisirs vrais,
Que tu chantas sur le luth de Virgile :
Là, loin d'un monde ennuyeux et pervers,
Tes jours sont purs, ton sommeil est tranquille;
Et la nature, autour de toi fertile,
Te fait jouir de ses trésors divers,
Pour te payer tes soins et tes beaux vers.

Voilà, voilà le bonheur véritable.
En attendant que j'en puisse jouir,
Je veux au moins prouver dans une fable
Que ces vrais biens s'attrapent sans courir.

Certain coursier né dans l'Andalousie
Fut élevé chez un riche fermier;
Jamais cheval de prince ou de guerrier,
Ni même ceux qui vivoient d'ambrosie,
N'eurent un sort plus fortuné, plus doux.
Tous dans la ferme aimoient notre andaloux,
Tous pour le voir alloient à l'écurie
Vingt fois le jour; et ce coursier chéri
D'un vœu commun fut nommé Favori.
Favori donc avoit de la litiere
Jusqu'aux jarrets, et dans son ratelier
Le meilleur foin qui fût dans le grenier.
Soir et matin les fils de la fermiere,
Encore enfants, ménageoient de leur pain
Pour l'andaloux; et lorsque dans leur main
Le beau cheval avoit daigné le prendre,
C'étoient des cris, des transports de plaisir;
Tous lui donnoient le baiser le plus tendre:
Dans la prairie ils le menoient courir;
Et le plus grand de la petite troupe,
Aidé par tous, arrivoit sur sa croupe :

Là, satisfait, et d'un air triomphant,
Des pieds, des mains, il pressoit sa monture;
Et Favori modéroit son allure,
Craignant toujours de jeter bas l'enfant.

De Favori ce fut là tout l'ouvrage
Pendant long-temps : mais quand il vint à l'âge
De trente mois, la femme du fermier
Le prit pour elle ; et notre cavaliere,
En un fauteuil sise sur le coursier,
La bride en main, dans l'autre la croupiere,
Les pieds posés sur un même étrier,
Alloit, trottoit au marché faire emplette,
Chez ses voisins acquitter une dette,
Ou visiter son pere déja vieux.
A son retour, notre bonne Sanchette
Accommodoit Favori de son mieux,
Et lui doubloit l'avoine et les caresses.

Plus on grandit, plus on devient vaurien.
Ce Favori que l'on traitoit si bien,
Ce cher objet de si douces tendresses,
Fut un ingrat; et quand il eut quatre ans,
Il s'indigna dans le fond de son ame
D'être toujours monté par une femme :
Est-ce donc là, disoit-il dans ses dents,
Le noble emploi d'un coursier d'Ibérie?
Avec des bœufs j'habite l'écurie

D'une fermiere, et frémis de courroux
Quand on me voit, comme un ânon docile,
Au petit trot cheminer vers la ville,
Ayant pour charge une femme et des choux.
Non, je ne puis souffrir cette infamie,
Je suis né fier; et, dussé-je périr,
Je prétends bien dans peu m'en affranchir.
Orgueil! orgueil! c'est par toi qu'on oublie
Vertus, devoirs; par toi tout a péri:
Tu perdis l'homme, et perdis Favori.

Un beau matin que la bonne Sanchette,
Selon l'usage, alloit toute seulette
Vendre au marché les fruits de son jardin,
Elle eut besoin, je ne sais pour quoi faire,
De s'arrêter un moment en chemin.
D'un saut léger elle est bientôt à terre:
Mais le bridon échappe de sa main;
Et Favori s'en apperçoit à peine,
Qu'au même instant, s'élançant dans la plaine,
Il casse, brise et disperse dans l'air
Et charge et selle et harnois et croupiere,
Des quatre pieds fait voler la poussiere,
Et disparoît aussi prompt que l'éclair.

Las! que devint notre bonne Sanchette?
Dans sa surprise elle resta muette,
Suivit long-temps des yeux le beau coursier,

Et puis pleura, puis retourna chez elle,
Et raconta cette affreuse nouvelle.
Tout fut en deuil chez le triste fermier;
De Favori tous regrettent la perte;
Enfants, valets, vont à la découverte
Dans les hameaux, dans chaque bourg voisin:
L'avez-vous vu des coursiers le modele,
Le plus aimé, le plus beau? C'est en vain;
De Favori nul ne sait de nouvelle;
Il est perdu. Sanchette soupira,
Et dit tout bas: Peut-être il reviendra.

En attendant, Favori ventre à terre
Galope et fuit sans perdre un seul moment.
Il apperçoit bientôt un régiment
De cavaliers qui marchoit à la guerre;
Hommes, chevaux, par leur air belliqueux,
Par leur fierté, leur armure brillante,
Dans tous les cœurs répandent l'épouvante,
Ou le desir de combattre auprès d'eux.
A cet aspect notre coursier s'arrête;
Il sent dresser tous ses crins ondoyants,
Et, l'œil en feu, les naseaux tout fumants,
Fixe, immobile, écoute la trompette:
Puis tout-à-coup, frappant la terre et l'air,
Il bondit, vole à travers la prairie,
Arrive auprès de la cavalerie,

S'ébroue, hennit, et jettant un œil fier
Sur ces guerriers enfants de la victoire,
Il semble dire : Et j'aime aussi la gloire.

Le colonel, qui voit ce beau coursier,
Veut s'en saisir ; il vient avec adresse
Auprès de lui, le flatte, le caresse,
Et par un frein en fait son prisonnier.
A l'instant même une peau de panthere
Aux griffes d'or tombantes jusqu'à terre
Couvre le dos du superbe animal,
Un plumet rouge orne sa tête altiere,
Et cent rubans tressés dans sa criniere
Lui donnent l'air coquet et martial.
Sur Favori le colonel s'élance,
Presse les flancs du coursier généreux ;
Et Favori, dans son impatience,
Mordant son frein, fier du poids glorieux,
Vole à travers les escadrons poudreux.

Voilà, voilà, disoit-il en lui-même,
Le noble emploi pour lequel je suis né !
Vivre en repos, c'est vivre infortuné ;
Gloire et périls sont le bonheur suprême.
Sous ce harnois que je dois être beau !
Je voudrois bien, dans le crystal de l'eau,
Me voir passer, voir ma mine guerriere.
Pour être heureux, ma foi, vive la guerre !

Comme il parloit, le chef du régiment
Reçoit l'avis qu'une troupe ennemie
Doit dans la nuit l'attaquer brusquement.
Tout aussitôt une garde choisie
Est disposée autour du logement :
Le colonel la commande lui-même ;
Et Favori, dont la joie est extrême
De voir qu'on est menacé d'un danger,
Passe la nuit sans dormir ni manger.
Qu'importe ? il est soutenu par le zele.
Point d'ennemis, voilà son seul chagrin.
Mais tout-à-coup arrive le matin
Un officier qui porte la nouvelle
Que la bataille est pour le lendemain.
Le colonel veut être de la fête ;
L'armée est loin, mais jamais rien n'arrête
Lorsque la gloire est au bout du chemin :
On part, on veut arriver pour l'aurore.
Toujours à jeun Favori néanmoins
Ne se plaint pas, mais il saute un peu moins.
Le jour se passe, il faut marcher encore
Toute la nuit ; et Favori rendu
Fait un soupir : mais l'amour de la gloire,
Et le desir de vivre dans l'histoire,
Et l'éperon, réveillent sa vertu.
Il marche, il va, se soutenant à peine,

9.

Quand, vers minuit, d'une forêt prochaine
Un gros parti fond sur le régiment.
On veut se battre : hélas ! c'est vainement ;
Nos cavaliers, harassés de la route,
Sont enfoncés, tués, mis en déroute ;
Et dans le choc Favori tout sanglant,
Couvert de coups, deux balles dans le flanc,
Parmi les morts resté sur la poussiere,
Ne voyoit plus qu'un reste de lumiere :
Ah ! disoit-il, je le mérite bien ;
J'ai fait un crime, il faut que je l'expie :
Je fus ingrat, il m'en coûte la vie ;
C'étoit trop juste : et ce n'est pas le bien
Que Favori dans ce moment regrette ;
Ce n'est que vous, ô ma chere Sanchette.
Disant ces mots, il perd tout sentiment ;
Et l'ennemi, vainqueur dans ce moment,
Bien résolu de n'épargner personne,
Le glaive au poing poursuivant les fuyards,
Pille, massacre, et bientôt abandonne
Ce champ couvert de cadavres épars.

    Le lendemain de cet affreux carnage,
Certain meûnier, dans la plaine passant,
Vit Favori sur la terre gisant ;
Il respiroit ; le meûnier le soulage,
Clopin clopant le mene à son village,

Prend soin de lui, le panse, le nourrit,
Pour abréger en un mot, le guérit.
Mais prétendant se payer de sa peine,
Il veut user de son convalescent;
Chargé de sacs, sous le poids gémissant,
Dix fois le jour il le mene et ramene
Dans les marchés, au village, au moulin,
Le suit de près un bâton à la main;
Et ce bâton, fait d'une double épine,
De Favori vient chatouiller l'échine
Pour peu qu'il bronche ou s'amuse en chemin.
   Ce fut alors qu'il regretta Sanchette.
Mais la frayeur rend sa douleur muette;
Brisé de coups, il n'ose pas gémir :
L'excès des maux l'abrutit et l'accable,
Et, se croyant pour toujours misérable,
Il ne demande au ciel que de mourir.
   Notre coursier, dégoûté de la vie,
Vivoit toujours, sans trop savoir pourquoi;
Quand, un matin, un écuyer du roi,
Qui parcouroit toute l'Andalousie
Pour remonter la royale écurie,
Vit Favori, de plusieurs sacs chargé,
Par le bâton au moulin dirigé,
Et conservant sous ce triste équipage
Ce coup-d'œil noble et cet air de grandeur

D'un roi vaincu cédant à son malheur,
Ou d'un héros réduit en esclavage.
Bon connoisseur étoit cet écuyer;
De Favori s'approchant davantage,
Il l'examine, et demande au meûnier
Combien il veut de ce jeune coursier :
L'accord se fait; aussitôt on délivre
De son fardeau notre bel animal;
Son nouveau maître à l'instant s'en fait suivre,
Et le conduit vers le palais royal.

　　Oh! pour le coup, se disoit à lui-même
Notre héros, la fortune est pour moi :
Plus de chagrins, je suis cheval du roi.
Cheval du roi, c'est le bonheur suprême :
Je n'aurai plus qu'à manger et dormir,
De temps en temps à la chasse courir,
Sans me lasser, et, gras comme un chanoine,
A mon retour choisir l'orge ou l'avoine
Que mes valets viendront vanner, je croi,
Avec grand soin pour le cheval du roi.

　　Ainsi parlant, il entre à l'écurie.
Tout lui promet le bonheur qu'il attend :
De peur du froid sur son corps l'on étend
Un drap marqué des armes d'Ibérie;
On le caresse, et sa creche est remplie
D'orge et de son; il est pansé, lavé,

Deux fois le jour; le soir, sur le pavé
Litiere fraîche; et cette douce vie
Lui rend bientôt son éclat, sa beauté,
Son poil luisant, sa croupe rebondie,
Et son œil vif, et même sa gaîté.
   Il fut heureux pendant une quinzaine.
Il possédoit tous les biens à souhait;
Mais un seul point lui faisoit de la peine,
C'est que le roi jamais ne le montoit.
Nul écuyer n'auroit eu cette audace;
Et leur respect pour monsieur Favori
Fait qu'avec soin il est choyé, nourri,
Mais que toujours il reste en même place.
   Tant de respect lui devient ennuyeux;
Ce long repos, à sa santé contraire,
Le rend malade et triste et soucieux,
En peu de temps change son caractere:
Ce qu'il aimoit lui devient odieux;
Plus d'appétit, rien qui puisse lui plaire;
Un froid dégoût s'empare de son cœur,
Plus de desir, partant plus de bonheur.
Ah! disoit-il, que tout ceci m'éclaire!
Gloire, grandeur, vous qui m'avez séduit,
Vous n'êtes rien qu'une erreur mensongere,
Un feu follet qui brille et qui s'enfuit:
Si le bonheur habite sur la terre,

Il vous évite autant que la misere;
Il va cherchant la médiocrité,
C'est là qu'il loge; et sa sœur et son frere
Sont le travail et la douce gaîté.
Ils sont chez vous, ô ma bonne Sanchette;
Plus que jamais Favori vous regrette.

Notre cheval ainsi philosophant
Est fort surpris de voir qu'on lui prépare
Selle et bridon du travail le plus rare :
Le fils du roi, le jeune et noble infant,
Ce même jour doit faire son entrée;
Et Favori, qui sera son coursier,
Porte un harnois digne du cavalier.
D'or et d'azur sa housse est diaprée,
De beaux saphirs sa bride est entourée,
Et d'argent pur est fait chaque étrier.

Notre héros dans ce bel équipage
De tant d'honneurs n'a pas l'esprit tourné,
Il commençoit à devenir fort sage.

L'infant sur lui doucement promené,
Suivi des siens, entouré de la foule,
Vers son palais à grand'peine s'écoule,
Quand Favori, qui ne songeoit à rien,
Voit une femme, et tout-à-coup s'arrête,
Dresse l'oreille en relevant la tête,
Et reconnoît... vous le devinez bien?...

Qui donc?... Sanchette... Ô moment plein de charmes !
Il court vers elle, il hennit de plaisir;
De ses deux yeux tombent deux grosses larmes,
Larmes d'amour et de vrai repentir.
Tout comme lui la sensible Sanchette
Pleure de joie; et notre jeune infant,
Surpris, touché, veut qu'au même moment
De Favori l'histoire lui soit faite.
Sanchette alors raconte en peu de mots
Que Favori fut élevé chez elle;
Puis elle dit, non sans quelques sanglots,
Quand et comment il devint infidele.
De ce récit le prince est attendri :
Tenez, dit-il, je vous rends Favori,
Il est à vous avec son équipage;
Montez dessus, retournez au village :
A pied j'irai jusqu'au palais royal,
Sans que ma fête en soit moins honorée;
Car j'ai bien mieux signalé mon entrée
Par un bienfait que par un beau cheval.
Il dit, descend, et ne veut rien entendre.
Sanchette alors monta, sans plus attendre,
Sur Favori, qui, content désormais,
Gagna la ferme, et n'en sortit jamais.

LE TOURTEREAU,

CONTE.

Lorsque j'ai dit que le bonheur suprême
Étoit d'avoir un champêtre séjour,
D'y vivre en sage, en paix avec soi-même,
C'est à dessein que j'oubliai l'amour.
L'amour lui seul peut charmer notre vie,
Ou la flétrir : triste choix ! j'en conviens.
Des maux qu'il fait ma mémoire est remplie,
De ses plaisirs fort peu je me souviens.
Je vous connois, mesdames les coquettes,
Et je me tiens loin des lieux où vous êtes ;
Et vous aussi, dont l'ingénuité
Trompe si bien notre crédulité ;
Et vous sur-tout, prudes graves, austeres,
Dont la constance et les tendres coleres
Tourmentent plus que l'infidélité :
Je vous connois ; et, sans fiel, sans satire,
Sous d'autres noms, je veux ici traduire
Vos grands secrets que j'ai su pénétrer,
Vos mauvais tours qui m'ont tant fait pleurer,
Et dont je veux faire un conte pour rire.

Un tourtereau, qui du nid paternel
Faisoit encor sa retraite chérie,
Se vit ravir par un milan cruel
Les deux auteurs de sa naissante vie.
Seul, sans parents, à quel triste destin
Le pauvre oiseau ne doit-il pas s'attendre?
On ne sent pas dans un âge si tendre
Tout le malheur de rester orphelin.

Après deux jours, pressé par la famine,
Il sort du nid. D'abord c'est en tremblant
Qu'il met un pied sur la branche voisine;
La branche plie, et l'oiseau chancelant
Perd l'équilibre, et tombant et volant
Arrive à terre et tristement chemine.
A chaque oiseau qui passe près de lui
Notre orphelin croit voir des tourterelles,
Leur tend le bec en agitant ses ailes,
Et par ses cris implorant leur appui
Il leur disoit : Soulagez ma misere;
C'est moi, c'est moi; n'êtes-vous pas ma mere?

Chez les oiseaux, hélas! comme chez nous,
Chacun pour soi: c'est la grande science.
Notre orphelin en fait l'expérience.
Nul ne répond à ses accents si doux:
Il reste seul; mais, grace à la nature,
Il sut trouver lui-même sa pâture,

Il apprit l'art de supporter ses maux :
C'est le malheur qui forme les héros.
     L'été s'écoule, et déja la verdure
Jaunit et meurt ; l'hiver se fait sentir.
Le tourtereau souffrit de la froidure ,
Car ici bas nous sommes pour souffrir :
Mais tous les maux qu'en un mois l'on endure
Sont effacés par un jour de plaisir ;
Et l'important c'est de ne pas mourir.
Le jeune oiseau voit le printemps renaître ,
L'air s'épurer, les fleurs s'épanouir :
Autour de lui tout prend un nouvel être ;
Les rossignols , les oiseaux d'alentour ,
Font retentir l'écho de leur ramage ;
Et les ramiers agitent le feuillage
Témoin discret des plaisirs de l'amour.
Le tourtereau regarde , observe , admire ;
Il s'inquiete, il sent un vuide affreux :
Eh quoi! dit-il, je me croyois heureux ,
Et malgré moi cependant je soupire !
Ah ! ces oiseaux sont plus heureux que moi ;
Le tendre hymen les retient sous sa loi,
Ils ont chacun leur épouse chérie :
Je suis tout seul, c'est pourquoi je m'ennuie.
Mais dès demain je vais faire comme eux,
Je vais chercher et trouver une amie ,

Car on n'est bien qu'en étant deux à deux.
  Plein du projet de séduire une belle,
Il va lissant les plumes de son aile;
Dans les ruisseaux on le voit se mirant,
Se rengorger, et tout bas admirant
Son bec de pourpre et son joli corsage,
Et son collier dont l'ébene foncé
Tranche si bien sur son cou nuancé,
Et son œil vif, tendre à la fois et sage :
Tout lui promet un triomphe éclatant;
Certain de plaire, il part au même instant.
Ainsi partit de la rive troyenne
Le beau Pâris allant séduire Hélene.
  Notre héros a bientôt mis à fin
Son grand projet. Non loin de sa retraite
Il apperçoit une jeune alouette,
Belle, brillante, à l'œil vif, à l'air fin,
Qui dans un pré couroit dessus l'herbette.
Sans que ses pieds fissent plier le brin.
A l'aborder aussitôt il s'apprête,
Et par ces mots ouvre le tête-à-tête :
Gentil objet, je suis un étranger
Qui, jugeant bien qu'il nous est nécessaire
Pour être heureux et d'aimer et de plaire,
Dans ce dessein s'est mis à voyager.
Je sens qu'aimer est bien en ma puissance,

Je l'ai senti d'abord en vous voyant :
Plaire est un point qui de moi ne dépend,
Je n'en demande, hélas! que l'espérance.
Lors il se tait. A ce doux compliment,
Les yeux baissés, répondit l'alouette,
Sans se fâcher, et presque tendrement,
Comme répond une habile coquette
Qui, sans l'aimer, veut garder un amant.
Notre héros est admis à sa suite :
Mais, tout-à-coup, l'alouette dans l'air
S'éleve, plane, et puis, comme un éclair,
Va, vient, descend, monte, se précipite.
Le tourtereau veut la suivre, il la perd ;
Il la retrouve, et la reperd encore :
Ah ! par pitié, dit-il en haletant,
Arrêtez-vous, cher objet que j'adore,
Je n'en puis plus ; ce n'est pas en courant
Qu'on fait l'amour : je ne m'y connois guere,
Mais le bonheur et le tendre mystere
Ne doivent pas nous quitter d'un moment ;
Et le bonheur va toujours doucement.

Cela se peut, lui répond l'alouette,
Mais nous avons chacun notre plaisir ;
Me regarder, chanter, plaire et courir,
Tel est l'emploi pour lequel je suis faite :
Je le remplis, et c'est là mon bonheur.

Elle parloit, quand aux yeux de la belle
Brille un miroir qu'un perfide oiseleur
Faisoit tourner au bout d'une ficelle.
Pour s'y mirer l'alouette descend.
Le tourtereau tout effrayé lui crie
De prendre garde au filet qui l'attend :
Mais c'est en vain, et, dans le même instant,
Le filet part, et prend notre étourdie.
Son tendre amant venoit la secourir ;
Il évita la machine mortelle,
Non sans laisser des plumes de son aile ;
Et ne pouvant que la plaindre et s'enfuir,
Sur une branche il alla réfléchir.

Me voilà veuf avant d'être en ménage !
Se disoit-il ; je serois bien peu sage
De retourner encore m'essouffler
En poursuivant les folles alouettes.
Pour vivre heureux, vivons loin des coquettes ;
Ces oiseaux-là ne savent que voler.
Je veux chercher une épouse solide,
Point trop jolie, et partant moins perfide,
Qui ne saura rien que me rendre heureux.
L'esprit est bon ; mais le repos vaut mieux.

Il dit, et part. A ses yeux se présente
Dans un bled verd une caille pesante
Que l'embonpoint fait marcher lentement.

Son air naïf et sa mine innocente
Charment l'oiseau, qui descend promptement,
S'abat près d'elle, et fait son compliment.
   Ah! vous m'aimez? vraiment, j'en suis ravie,
Lui dit la caille; eh bien! restez ici;
Nous passerons ensemble notre vie,
Tous deux contents, car je vous aime aussi.
Disant ces mots, elle en donne la preuve.
Quel naturel! s'écrioit notre oiseau;
Comme elle est simple! et que mon sort est beau
De posséder cette ame toute neuve!
A ce propos la caille n'entend rien,
Lui répond mal, mais le caresse bien;
Et son époux n'en veut pas davantage.
   La paix, l'amour, régnoient dans le ménage,
Quand vers le soir notre heureux tourtereau
Voit arriver d'abord un cailleteau,
Puis deux, puis trois, et puis un roi de cailles.
D'un air surpris il les regarde tous,
Court à sa femme, et lui dit d'un ton doux:
Ces messieurs-là sont à nos fiançailles
Comme parents? = Non, ce sont mes époux. =
Comment! = Sans doute. = Ils sont sept! = Le huitieme
Ce sera vous, s'il vous plaît, désormais;
Tous sont heureux, tous sont traités de même;
Par ce moyen je les maintiens en paix :

C'est fatigant, mais je me sacrifie.

=Et moi je pars, et je reprends ma foi;

Tout votre bien n'étoit pas trop pour moi,

Je n'en veux point la huitieme partie.

Lors il s'envole, et, plein de son dépit,

Au fond d'un bois il va passer la nuit.

　　On dort bien mal, quand on est en colere.

Le tourtereau s'éveille avant le jour:

Je fus, dit-il, malheureux en amour;

Mais c'est ma faute, et je prétends mieux faire.

Dorénavant, je veux voir, réfléchir,

Examiner, avant que de choisir,

Et m'assurer sur-tout avec adresse

Des bonnes mœurs de ma chere maîtresse.

Si l'on m'attrape, il faudra qu'on soit fin.

　　Bien résolu de suivre ce dessein,

En philosophe il parcourt le bocage,

Se livre peu, mais, toujours écoutant,

Fait son profit de tout ce qu'il entend.

Bientôt il sait que dans le voisinage

Est une prude encor dans le bel âge,

Et possédant honnêtement d'appas;

Elle passoit pour être un peu revêche:

C'étoit tout simple, elle étoit pigrieche.

Le tourtereau ne s'en alarme pas:

Il va la voir. La premiere visite

Fut un peu froide, ensuite on s'adoucit,
Puis on s'aima, bientôt on se le dit:
Plutôt qu'une autre une prude est séduite.

    La pigrieche adore son amant;
Aucun rival ne partage sa flamme,
Il regne seul. Mais la jalouse dame
De son époux fait bientôt le tourment.
Elle l'accuse, elle gronde sans cesse,
Le suit, l'épie, et, toujours en fureur,
A coups de bec lui marquant sa tendresse,
Elle le bat pour s'attacher son cœur:
Puis elle pleure, et veut qu'il rende hommage
Exactement à ses tendres appas;
Disant toujours qu'elle fait peu de cas
De ces plaisirs, mais qu'il faut en ménage,
Par ce moyen honnête autant que doux,
Tous les matins s'assurer son époux,
Et le forcer à n'être point volage.

    Le tourtereau, lassé de l'esclavage,
Battu, plumé, maigre à faire pitié,
Saisit l'instant où sa chere moitié
A ses côtés dort la tête sous l'aile.
A petit bruit il se leve en tremblant,
Sort de son nid, et va toujours volant,
Sans autre but que de s'éloigner d'elle.
En peu de temps il fit bien du chemin;

Il vouloit fuir jusqu'au bout de la terre.
Dans un désert s'abattant à la fin,
Il se cacha sous un roc solitaire.
Me voilà bien, dit-il, je n'en sors plus;
Ici du moins la caille et l'alouette
N'approcheront jamais de ma retraite;
Je serai loin de la dame aux vertus;
Je vivrai seul, puisqu'il est impossible
De rencontrer une épouse sensible,
Douce, modeste, et dont on soit aimé
Sans compagnon, ou sans être assommé.
Je méritois une telle maîtresse;
Jusqu'au tombeau j'aurois su la chérir :
Un tourtereau qui donne sa tendresse
Ne change plus, il aime mieux mourir;
Mais il n'est point d'oiseau de mon espece.

Vous vous trompez, lui répond doucement
Une gentille et blanche tourterelle;
Tout comme vous je suis tendre et fidele.
Peut-être aussi méritois-je un amant :
Je n'en ai point, tenons-nous compagnie.

L'oiseau l'observe, et, la trouvant jolie,
Il s'en approche, il parle; on lui répond :
La tourterelle a son esprit, son ton,
Son humeur douce et sa grace ingénue.
Ils étoient nés pour se plaire tous deux;

La sympathie agit bientôt sur eux.
Déja chacun sent dans son ame émue
Un feu secret; et, dès ce même jour,
Le tendre hymen vint couronner l'amour.
Cette union dura toute leur vie:
Toujours s'aimant avec la même ardeur,
Rien n'altéra leur paisible bonheur;
Et notre oiseau, près de sa bonne amie,
Convint enfin qu'on peut trouver un cœur.

LA POULE DE CAUX,

CONTE.

Plusieurs François ont la triste manie
D'aller toujours rabaissant leur patrie,
Pour exalter les coutumes, les mœurs
D'autres pays, qui ne sont pas meilleurs.
Je l'avouerai, cette extrême injustice
Plus d'une fois excita mon courroux :
Non que mon cœur, par un autre caprice,
N'ait d'amitié, d'estime, que pour nous.
Loin, loin de moi ces préjugés vulgaires,
Sources de haine et de divisions !
En tout pays tous les bons cœurs sont freres.
Mais, sans haïr les autres nations,
On peut aimer et respecter la sienne ;
On peut penser qu'aux rives de la Seine
Il est autant de vertus et d'honneur,
D'esprit, de grace, et même de bonheur,
Que sur les bords de la froide Tamise,
De l'Éridan, ou du Tage, ou du Rhin.
Vous le prouver, voilà mon entreprise.
Chemin faisant, si quelque trait malin

Vient par hasard égayer ma franchise,
Italien, Ibere, Anglois, Germain,
Que d'entre vous nul ne se formalise;
De vous fàcher je n'ai pas le dessein.

Près Caudebec, dans l'antique Neustrie,
Pays connu dans tous nos tribunaux,
Certaine poule avec soin fut nourrie.
C'étoit l'honneur des volailles de Caux.
Imaginez un plumage d'ébene
Parsemé d'or, une huppe d'argent,
La crête double et d'un rouge éclatant,
L'œil vif, l'air fier, la démarche hautaine :
Voilà ma poule. Ajoutez-y pourtant
Un cœur sensible et d'amitié capable,
De la douceur, sur-tout de la bonté,
Assez d'esprit pour savoir être aimable,
Et pas assez pour être insupportable.
Son seul défaut, c'étoit la vanité :
Las! sur ce point qui de nous n'est coupable?
Ma poule, à peine au printemps de ses jours,
Des coqs voisins tournoit toutes les têtes :
Mais dédaignant ces faciles conquêtes,
Elle vouloit se soustraire aux amours.
C'est bien en vain qu'attroupés autour d'elle,
Les tendres coqs, dans leurs desirs pressants,

Le cou gonflé, sur leurs pieds se haussants,
Vont balayant la terre de leur aile :
Froide au milieu de ces nombreux amants,
Ma belle poule écoute leur priere
D'un air distrait, murmure un dur refus,
S'éloigne d'eux ; et lorsqu'un téméraire
Ose la suivre, ou veut hasarder plus,
D'un coup de bec lui marquant sa colere,
Dans le respect elle le fait rentrer.
Ainsi jadis cette reine d'Ithaque,
Que sa sagesse a tant fait admirer,
Des poursuivants sut éviter l'attaque.

   L'orgueil toujours nous conduit de travers ;
Il n'est pas gai, de plus, et nous ennuie :
Des passions la plus triste en la vie
C'est de n'aimer que soi dans l'univers.
Bien l'éprouva notre Normande altiere :
Elle tomba bientôt dans la langueur ;
Elle sentit le vuide de son cœur,
Et soupira. Mais hélas ! comment faire ?
Se corriger ? se montrer moins sévere ?
Des jeunes coqs ce seroit bien l'avis :
Mais que diroient les poules du pays ?
On connoît trop leur caquet et leur haine.

   Notre héroïne étoit donc fort en peine,
Lorsqu'un Anglois, qui toujours voyageoit

Pour éviter l'ennui, qui le suivoit,
En reprenant le chemin d'Angleterre
Vit notre poule et l'acheta fort cher,
Avec grand soin lui fit passer la mer,
Et l'établit dans sa nouvelle terre,
Au nord de Londre, auprès de Northampton.
　　Notre Cauchoise, à peine en Albion,
Se dit : Voici le moment favorable
Pour me montrer moins fiere et plus traitable,
Pour radoucir ma morale et mon ton.
Jusqu'à présent je fus beaucoup trop sage;
C'est une erreur pardonnable à mon âge :
Corrigeons-nous. Je veux, dans ce canton,
Prendre un époux jeune, aimable et sincere :
Pour être heureuse il faut que je sois mere;
Au fond du cœur certain je ne sais quoi
M'a toujours dit que c'étoit mon emploi.
　　Parlant ainsi, notre belle héroïne
Voit arriver plusieurs coqs du pays :
Ils sont, tous, grands, beaux, fiers; mais à leur mine
On peut juger de leur profond mépris
Pour tout poulet qui n'est pas d'Angleterre.
D'un air hautain ils tournent à l'entour
De la Françoise; et, sans autre mystere,
Le plus poli lui parle ainsi d'amour :
Ecoute, miss, tu vois en moi ton maître;

Mais tu me plais : je suis sultan ici,
Et je veux bien dans mon serrail t'admettre ;
Viens donc m'aimer, je te l'ordonne ainsi.

A ce propos de gentille fleurette,
Notre Cauchoise, immobile et muette,
Ne sait comment répondre à tant d'honneur ;
Quand un des coqs, regardant l'orateur :
Goddam, dit-il, vous avez bonne grace !
Vous maître ici ! vous sultan ! ces deux mots
Dans notre langue eurent-ils jamais place ?
Nous sommes tous Anglois, libres, égaux.
Et de quel droit vous seul feriez-vous fête
A cette poule ? elle est de vos rivaux,
Comme de vous, la commune conquête.
Voici mon droit, répond le premier coq ;
Et de son bec il vient frapper la crête
De l'opposant, qui, ferme comme un roc,
Soutient l'effort, sur ses ergots se dresse
En reculant, et revient en fureur,
Le cou tendu, fondre sur l'agresseur.
La troupe alors tout autour d'eux s'empresse
Et prend parti ; l'on se mêle, on se bat, .
On se déchire : et, pendant le combat,
Notre Françoise, effrayée, interdite,
S'échappe et fuit à travers bois et champs,
Courant, volant, pour s'éloigner plus vîte.

Ah! quel pays! dit-elle; quelles gens!
La liberté chez eux n'est que la guerre:
Jusqu'à l'amour, ils font tout en colere.
Fuyons, fuyons. Elle arrive à ces mots
A la Tamise, et découvre un navire,
Non loin du bord, qui sillonnoit les flots.
Elle s'élance; et matelots de rire
En la voyant près d'eux tomber dans l'eau:
Mais aussitôt un grapin la retire,
Et la voilà saine et sauve au vaisseau.

    Ce bâtiment alloit droit en Espagne.
En peu de jours il relâche à Cadix:
Et notre poule aussitôt en campagne
S'échappe, et court visiter le pays.
Elle apperçoit dans les riches vallées
L'or des épis, la pourpre des raisins;
Ici l'olive et la mûre mêlées,
Là l'oranger bordant les grands chemins;
Le citronnier qui, fécond dès l'enfance,
Parfume l'air de ses douces odeurs,
Et, près des fruits poussant encor des fleurs,
Donne l'espoir avec la jouissance;
Et les brebis paissant sur les côteaux,
Et les coursiers se jouant près des eaux;
Par-tout enfin la corne d'abondance
Versant ses dons sur ces heureux climats.

Ce long détail peut-être vous ennuie :
Passez-le moi, j'aime l'Andalousie.

Ma poule aussi lui trouva des appas ;
En admirant, elle disoit tous bas :
Ce pays-ci vaut bien la Normandie ;
Il me plaît fort, ne le quittons jamais.
Dans le moment elle voit à sa suite
Un jeune coq saluant ses attraits.
Ce jeune coq avoit bien son mérite ;
Il n'étoit pas beau comme un coq anglois,
Mais il avoit certain air de noblesse
Fort séduisant ; ajoutez-y deux yeux
Brillants d'esprit et remplis de tendresse.
A notre poule, en langage pompeux,
Très gravement ce discours il adresse :

Reine des coqs, ornement de ces lieux,
Soleil nouveau de notre heureuse terre,
Vous allez voir vos sujets amoureux
Quitter pour vous leur poule la plus chere.
Eh ! qui pourroit, hélas ! nous en blamer ?
Nos yeux ont pu s'être laissé charmer
Pour des beautés bien au-dessous des vôtres ;
Mais si nos cœurs ont soupiré pour d'autres,
C'étoit afin d'apprendre à vous aimer.

Ainsi parla le coq d'Andalousie ;
Et son discours, quoiqu'un peu recherché,

11.

Ne déplut point : la Françoise attendrie
Y répondit d'un air doux et touché.
Les voilà donc marchant de compagnie,
L'amour en tiers, lorsque certaine pie,
A l'œil hagard, au manteau noir et blanc,
Vint à passer : Ah! dit le coq tremblant,
Je suis perdu, c'en est fait de ma vie !
= Que dites-vous? et d'où vient cet effroi ?
= De cet oiseau. = Vous craignez une pie?
A coups de bec je la plumerois, moi.
= Gardez-vous-en. = Pourquoi donc, je vous prie?
= Je le vois bien, vous ignorez nos maux :
Apprenez donc que ces cruels oiseaux,
Qu'on hait ici, mais pourtant qu'on caresse,
Sous les dehors d'une douceur traîtresse
S'en vont par-tout guettant ce que l'on dit,
Ce que l'on fait, ce qu'on a dans l'esprit ;
Puis le tournant en cent mille manieres,
En rendent compte ; et, d'après leurs rapports,
Tout aussitôt cuisiniers, cuisinieres,
Nous font rôtir sans le moindre remords.
= Rôtir ! = Eh oui : nous sommes sans reproche
Assurément : mais je vous parlois bas,
Vous écoutiez ; cela suffit, hélas !
Pour que ce soir on nous mette à la broche.
Oui, dit la poule en gagnant le vaisseau,

Dès ce moment je vais changer de route.
Votre pays est superbe sans doute ;
Mais il y fait pour nous un peu trop chaud.
Je vous chéris et vous plains, je vous jure :
Vous êtes doux, spirituels, galants ;
Mais tous les dons que vous fit la nature
Deviennent nuls avec vos noirs et blancs.
Délivrez-en, croyez-moi, votre empire.
Disant ces mots, elle rentre au navire,
Qui de Livourne alloit chercher le port.

Le trajet fait, on débarque ; et d'abord
Voilà ma poule à courir sur la plage.
Elle apperçoit, assez près du rivage,
Un poulet gras, qui, d'un air doux et fin,
Tourne, salue, aborde l'étrangere,
Salue encore, et, d'un ton patelin,
Lui dit ces mots avec une voix claire :
Suave objet, si votre cœur benin
Daigne choisir un poulet d'Italie
Pour Sigisbé de votre seigneurie,
J'ose briguer ce glorieux destin :
Je ne veux plus vivre qu'à votre suite.
Las ! je connois mes imperfections ;
Mais mon respect et mes soumissions
Remplaceront mon manque de mérite.
Il dit, et baisse, en soupirant, les yeux.

Notre Normande écoutoit en silence ;
Et se sentoit certaine répugnance
Pour ce monsieur si gras, si mielleux,
Pour son discours, sur-tout pour sa voix claire.
Elle retourne aussitôt en arriere,
Sans lui répondre ; et voyant près de là
Une autre poule, elle l'interrogea :
Expliquez-moi, s'il vous plaît, ma commere,
D'où peut venir ma prompte aversion
Pour ce poulet ? = Hélas ! d'une raison
Triste, cruelle, et pourtant à la mode
Dans ce pays, où l'on a pour méthode
De préférer une brillante voix
A d'autres dons qui ne me touchent gueres,
Mais qui pourtant deviennent nécessaires
Dans certains cas. On prétend qu'autrefois
Nos coqs étoient les plus beaux de la terre,
Vifs en amour, terribles à la guerre :
Tout change, hélas ! ici nous l'éprouvons
Bien plus qu'ailleurs ; nos coqs sont des chapons.
Je vous plains fort, dit ma poule en colere :
J'ai parcouru déja bien des pays ;
On a pensé me battre en Angleterre,
Puis me rôtir aux rives de Cadix ;
Mais vivre ici me paroît encor pis.

Disant ces mots, elle joint la voiture

D'un voyageur, et, je ne sais comment,
Grimpe dessus, puis la voilà courant,
Sans savoir où, pour sortir d'Italie.

Ce voyageur étoit un Allemand,
Qui la conduit bientôt en Germanie,
Dans son château de Kursberchtolfgaxen,
Près de la Drave, entre Inspruck et Brixen.

Ma poule à peine est dans cette contrée,
Que de cent coqs on la voit entourée.
Mais avant tout, de ces nouveaux amants
Elle étudie un peu le caractere :
Et sur ce point tout doit la satisfaire.
Ces bons Germains sont doux, sensibles, francs,
Aimant l'honneur et non les compliments,
Et préférant au grand art de paroître
L'art bien plus sûr et moins facile d'être.
A se fixer parmi ces bonnes gens
Voilà ma poule enfin déterminée.
Elle choisit le plus aimable époux,
Et lui déclare, en présence de tous,
Qu'ils vont serrer les doux nœuds d'hyménée.
Ah ! quel bonheur ! lui répond tendrement
Le jeune coq : mais parlez franchement ;
Vous savez bien que, dans cette journée,
Il faut d'abord, pour articles premiers,
Que vous puissiez fournir seize quartiers.

Seize quartiers ! dit la poule étonnée.
= Oui, c'est le taux ; rien de fait sans ce point.
= Expliquez-vous, je ne vous entends point ;
Quartiers de quoi ? = Mais vraiment de noblesse :
Nous la cherchons bien plus que la tendresse
Dans nos hymens ; et, sans cela, jamais
Nous ne pourrions faire entrer nos poulets
Dans certains lieux nommés ménageries,
Où, bien à l'aise, et sans servir à rien,
De la patrie ils vont manger le bien ;
Tandis qu'ailleurs nos poulettes nourries
S'en vont jouir d'un état respecté,
Qui leur permet pendant toute leur vie
Mêmes plaisirs et même oisiveté.

A ce discours, notre poule ébahie
Ouvre le bec, écoute, et réfléchit ;
Puis tout-à-coup, sans se fâcher, lui dit :
Mon cher ami, je n'ai point de noblesse,
Et vos grands mots me sont peu familiers :
Mais je connois l'amour et la sagesse,
Et les préfere à vos seize quartiers.
Voilà ma dot, qui suffira, j'espere.
En attendant, je quitte cette terre,
Où je croyois trouver plus de bon sens.
Mais, je le vois, chacun a sa folie :
Et, sans juger les pays différents

Où j'ai passé, j'aime mieux ma patrie.

Après ces mots elle part brusquement,
Pour retourner au bon pays normand.
Là son projet étoit, dit-on, de faire
Un beau traité bien abstrait et bien long,
Sur-tout obscur, pour qu'il parût profond,
Comme on les fait, sur la cause premiere
Des loix, des mœurs, des droits des nations;
Semant par-tout force réflexions.
Un tel ouvrage auroit charmé sans doute;
Mais le renard mangea l'auteur en route.

LE CHIEN DE CHASSE,

CONTE.

Je me souviens qu'autrefois, quand j'aimois,
J'étois souvent trahi par ma maîtresse ;
Lors furieux, j'abjurois ma tendresse,
Je renonçois à l'amour pour jamais.
Je me disois : Quittons ce vain délire,
Que ma raison reprenne son empire :
Soyons heureux et libre désormais ;
Brisons, brisons une importune chaîne
Qui m'avilit, et me lasse et me gêne ;
Vivons pour nous, vivons pour les beaux arts,
Et livrons-nous tout entier à l'étude.
Quand c'étoit dit, je portois mes regards
Autour de moi ; tout étoit solitude,
Rien ne pouvoit m'inspirer de desir,
Tout augmentoit ma vague inquiétude :
Pour un cœur vuide il n'est point de plaisir.
Bientôt quittant mes projets de sagesse,
Ayant besoin d'aimer ou de mourir,
Bien humblement aux pieds de ma maîtresse
Je revenois me faire encor trahir.

Tant de foiblesse est pour vous incroyable;
Vous en riez, vous semblez en douter :
Pour vous convaincre, il faut vous raconter
D'un épagneul l'histoire véritable.

Un jeune chien, qui s'appelloit Médor,
Bien reconnu pour chien de bonne race,
Marqué de feu, plein d'ardeur et d'audace,
D'un bon vieux garde étoit le seul trésor.
Tous les matins il le suit à la chasse;
Au bois, en plaine, également savant,
Le nez en l'air, il va prendre le vent :
Tout à la fois il court, sent, et regarde,
Quête toujours sous le fusil du garde;
Et ramenant le gibier sous ses pas,
De plus d'un lievre il cause le trépas.
Il va suivant la caille fugitive,
Ou le faisan, ou la perdrix craintive
Qui trotte et fuit à travers le guéret;
Médor l'atteint, et demeure en arrêt :
La patte en l'air et l'oreille dressée,
L'œil sur sa proie, immobile, il attend
Que la perdrix, par le chasseur poussée,
Parte, s'éleve, et retombe à l'instant :
Sur elle alors il court avec vîtesse,
Sans la meurtrir entre ses dents la presse,

12

Et la rapporte à son maître en sautant.

   Tant de talents rendent Médor utile :
Mais de vertus ils sont accompagnés ;
Médor, aimable autant qu'il est habile,
Possede un cœur qui vaut mieux que son nez :
Il est soumis, doux, caressant, docile,
Sur-tout fidele. Hélas ! au cœur du chien
Cette vertu choisit son domicile ;
Au cœur de l'homme elle n'a plus d'asyle :
J'en suis fâché, car nous y perdons bien.
Non seulement Médor aime son maître,
Mais son épouse et les petits enfants,
Et les voisins, les amis, les parents.
Il se disoit : Je dois bien reconnoître
Les soins de ceux qui daignent me nourrir ;
Combien pour moi leurs cœurs ont de tendresse !
Si par malheur je venois à mourir,
Je suis bien sûr qu'ils mourroient de tristesse :
Aussi toujours je prétends les servir.

   Du tendre chien tels étoient le langage
Et le projet. Mais dans le voisinage
Étoit alors un jeune grand seigneur,
Riche, brillant, déterminé chasseur,
Pour ses perdrix ruinant son village,
Laissant mourir de faim ses paysans,
Mais nourrissant dans l'hiver ses faisans,

Et se plaignant qu'aux moissons, aux semailles,
Les laboureurs venoient troubler ses cailles.
Il voit Médor, il veut l'avoir soudain :
Garde, dit-il une bourse à la main,
Ton chien me plaît, prend cet or à sa place.
= Ah ! monseigneur, mon chien est trop heureux :
Ici, Médor ; il a l'air tout joyeux
De tant d'honneur. Médor, l'oreille basse,
A pas comptés arrive tristement,
Aux pieds du garde il se couche en tremblant ;
Son air soumis semble demander grace :
Mais c'est en vain. Loin de le caresser,
Le garde, au cou lui passant une chaîne,
Sans être ému, sans partager sa peine,
A coups de pied ose le repousser
Vers le seigneur, qui sur-le-champ l'emmene.
Quoi ! c'est ainsi qu'il m'aimoit ! dit Médor ;
Un seul moment suffit pour qu'il m'oublie !
Hélas ! pour lui j'aurois donné ma vie ;
Et cet ingrat me donne pour de l'or !
La pauvreté l'y contraignoit sans doute :
Aimer un chien est un plaisir qui coûte ;
Le sentiment n'est pas fait pour les gueux.
Las ! je les plains, ils sont bien malheureux.
Attachons-nous à notre nouveau maître ;
Le servant bien, je lui plairai peut-être,

Et mon bonheur sera sûr dans ce cas,
Car il est riche, il ne me vendra pas.
Dès ce moment, le beau chien ne respire
Que pour complaire à son nouveau seigneur.
Il y parvient : patience et douceur
Font obtenir tout ce que l'on desire.
Bientôt Médor du maître est favori,
Le suit par-tout, est admis à sa table :
Auprès du chien personne n'est aimable,
Autant que lui personne n'est chéri ;
Et monseigneur hautement le préfere
A ses amis, à sa famille entiere,
Même à sa femme ; et l'on m'en croira bien,
Pour ces messieurs leur épouse n'est rien.
L'heureux Médor excite un peu l'envie :
Tel est le sort de tous les grands talents.
Dans la maison valets et courtisans
L'abhorrent tous, et tous passent leur vie
A cajoler, à caresser Médor :
Qu'il est charmant ! il vaut son pesant d'or,
S'écrioient-ils ; et puis, tournant la tête,
Disoient tout bas : Oh ! l'incommode bête !
Quand serons-nous délivrés de ce chien !
Un an s'écoule, et Médor, qui croit être
De plus en plus adoré de son maître,
Mange, dort, boit, et ne redoute rien.

Mais certain jour que monseigneur le mene,
Selon l'usage, à ses nobles travaux,
Soit négligence ou bien foiblesse humaine,
Le grand Médor passe sur des perdreaux
Sans les sentir. Monseigneur en colere
A coups de fouet vient corriger Médor.
Médor battu chasse plus mal encor,
Prend de l'humeur, et finit par déplaire
Complètement à son maître offensé.
Dans le moment l'arrêt est prononcé :
Chassez Médor. Aussitôt la canaille,
Avec transport, à grands coups de bâton,
Au beau Médor fait vuider la maison.
Et notre chien, qui sort de la bataille
Borgne, boiteux, et le corps tout meurtri,
Commence à voir que ces grands que l'on vante
N'ont pas toujours une amitié constante,
Et quelquefois changent de favori.
Allons, dit-il, ceci me rendra sage :
Par un seigneur cruellement battu,
Et par un garde indignement vendu,
Je ne veux plus d'un si dur esclavage.
Je fuirai l'homme : il est dur et méchant.
Les femmes sont sans doute moins cruelles ;
Elles ont l'air aussi douces que belles :
Éprouvons-les. Il dit : dans le moment

Notre Médor voit une belle dame
Qui se promene avec son jeune amant,
Un doux espoir s'empare de son ame ;
Il s'en approche, et, d'un air suppliant,
De leurs souliers vient baiser la poussiere,
Puis les regarde, et leur dit tendrement :
N'aurez-vous pas pitié de ma misere ?

   Les amoureux ont toujours le cœur bon.
Tout aussitôt cette dame attendrie
Du pauvre chien se déclare l'amie,
Et sur-le-champ le mene à sa maison.
Le bon Médor lui marque sa tendresse
Par plus d'un saut, par plus d'une caresse ;
Et rencontrant en chemin le mari,
Il aboya, soit hasard, soit adresse.
Ce dernier trait enchanta sa maîtresse,
Et dès ce jour Médor fut favori.

   Voilà Médor menant joyeuse vie ;
Et, plus heureux que chez le grand seigneur,
Il suit par-tout sa maîtresse chérie ;
Le jour, la nuit, vigilant défenseur,
Couche auprès d'elle, et, sûr d'avoir son cœur,
Il ne craint plus ni le sort ni l'envie.
Tout alloit bien : une nuit, par malheur,
L'amant pour qui cette dame soupire,
Sans doute ayant quelque chose à lui dire

De très secret, se leve doucement,
Et, vers minuit, tandis que tout repose,
Dessus l'orteil marchant légèrement,
Il va gratter à la porte mal close
De la beauté qui ne dort pas encor.
Au premier bruit, le vigilant Médor
S'élance, jappe, et ses cris effroyables
Font que les gens se pressent d'accourir :
Notre amoureux n'a que le temps de fuir,
Donnant tout bas le chien à tous les diables,
Et jurant bien qu'il en seroit vengé.
La dame aussi le juroit dans son ame :
Et, le matin, la charitable dame
Vient annoncer que Médor enragé
Depuis trois jours n'a ni bu ni mangé ;
Qu'à la douleur son ame étoit en proie ;
Mais que pourtant songeant au commun bien,
Et par raison sacrifiant son chien,
Elle consent aussitôt qu'on le noie.
Dans le moment, bâtons, broches, épieux,
Sont préparés au chien qu'on abandonne.
Médor le voit, Médor quitte ces lieux,
Et fuit la mort qui de près le talonne.
Il court bien loin, et dans d'épais taillis
Va se cacher loin de ses ennemis.

Allons, dit-il, pour peu que ceci dure,

Tous mes chagrins seront bientôt finis :
Jusqu'à présent tout va de mal en pis ;
La mort bientôt doit faire la clôture.
Mais je mourrai libre, ou je ne pourrai.
Je ne veux plus voir ni servir personne :
A mes besoins tout seul je pourvoirai ;
J'irai, viendrai, resterai, chasserai,
Sans qu'un tyran à son gré me l'ordonne :
De tout péril je serai dégagé,
Et n'aurai plus à craindre qu'une belle
Dise par-tout que je suis enragé,
Lorsque je suis courageux et fidele.
C'est décidé, je veux vivre pour moi.

Il le croyoit ; mais cette triste vie
En peu de temps le fatigue et l'ennuie :
Vivre en autrui, c'est la premiere loi
Des malheureux capables de tendresse.

Médor bientôt, accablé de tristesse,
Songe au passé, regrette jusqu'aux coups
Que lui donnoient son maître et sa maîtresse :
Il sent contre eux expirer son courroux,
Et va chercher jusques dans son village
Son premier garde, avec lui se rengage
Dans ses premiers, dans ses plus chers liens ;
Et, tout honteux devant les autres chiens,
Il leur disoit : J'ai tort, je le confesse ;

Mais vous voyez jusqu'où va ma foiblesse
Pour ces humains qui ne nous valent pas.
Accordez-moi le pardon que j'implore.
Il est affreux de chérir des ingrats ;
Mais n'aimer rien est cent fois pis encore.

F I N.

IMITATIONS

ET

TRADUCTIONS.

F. M. Queverdo Inv. Del.   1787   De Longueil G. D. Roi Sculp.

le pauvre enfant reste étendu sur le pavé

LÉOCADIE,

ANECDOTE ESPAGNOLE

IMITÉE

DE CERVANTES.

Une nuit d'été, par un beau clair de lune, vers les onze heures à-peu-près, un pauvre vieux gentilhomme revenoit de se promener hors de la ville de Tolede avec sa femme dont il tenoit le bras, sa fille âgée de seize ans, et une servante qui composoit tout son domestique. Ce vieux gentilhomme, indigent et vertueux, s'appelloit don Louis; sa femme, dona Maria; sa fille, dont la figure étoit céleste et dont l'ame étoit encore plus belle, se nommoit Léocadie.

13

Dans le même instant sortoit de la ville pour aller à la promenade un cavalier de dix-huit ans appellé Rodolphe, qui se croyoit dispensé d'avoir des mœurs, parcequ'il avoit de la noblesse et de la fortune. Il venoit de quitter la table ; il étoit environné de ses compagnons de débauche, échauffés comme lui par le vin. Bientôt cette troupe bruyante se trouva vis-à-vis du vieux don Louis et de sa famille : c'étoit la rencontre des loups et des brebis.

Ces jeunes gens s'arrêterent en regardant d'une maniere insolente la bonne mere et sa fille. L'un d'eux embrasse la servante ; le vieux gentilhomme veut dire un mot, il est insulté : sa main tremblante tire son épée ; Rodolphe en riant le désarme, saisit la jeune Léocadie, l'enleve dans ses bras, et fuit avec elle vers la ville, escorté de ses coupables amis.

Tandis que le vieux don Louis faisoit des imprécations contre sa foiblesse, que dona Maria jettoit des cris, et que la servante s'arrachoit les cheveux, la malheureuse Léocadie étoit évanouie dans les bras de Rodolphe, qui, parvenu jusqu'à son hôtel, ouvre une porte secrete, congédie ses amis, et gagne son appartement avec sa victime. Il entre sans lumiere, sans être vu de ses valets : il s'enferme dans sa chambre ; et, avant que Léocadie ait repris ses sens, il consomme le plus grand crime que puissent faire commettre l'ivresse et la brutalité.

Rodolphe, après avoir satisfait ses desirs infâmes, demeura un moment indécis sur le parti qu'il avoit à prendre : il éprouvoit sans doute un sentiment de remords, lorsque Léocadie revint à elle. La plus profonde obscurité régnoit dans l'appartement.

Elle soupire, elle tremble, et s'écrie d'une voix foible: Ma mere! ma mere! où êtes-vous? Mon pere! répondez-moi.... où suis-je? quel est ce lit?... Ô Dieu! ô mon Dieu! m'avez-vous abandonnée? Quelqu'un m'entend-il?... Suis-je dans mon tombeau?... Ah! malheureuse!... plût au ciel!...

Dans ce moment, Rodolphe saisit sa main; l'infortunée jette un cri perçant, s'échappe avec précipitation, et va tomber à quelques pas. Rodolphe la suit. Alors, à genoux, avec des sanglots, avec un accent lamentable: Ô vous, lui dit-elle, qui que vous soyez, vous qui avez causé tous mes maux, vous qui venez de me rendre la plus malheureuse et la plus méprisable des créatures, s'il reste dans votre ame le moindre sentiment d'honneur, si vous êtes capable de la moindre pitié, je vous supplie, je vous conjure de m'ôter la vie : vous n'avez que ce seul moyen de réparer le mal que vous m'avez fait. Au nom du ciel, au nom de tout ce que vous aimez, si vous aimez quelque chose, égorgez-moi. Vous le pouvez, sans courir le moindre péril : nous sommes sans témoins, personne ne saura votre crime ; il sera moins grand que celui que vous avez commis ; et je crois, oui je crois que je vous pardonnerai tout, si vous m'accordez cette mort, devenue ma seule ressource.

En disant ces mots, elle se traînoit sur le carreau pour embrasser les genoux de Rodolphe.

Rodolphe, sans lui répondre, sortit de la chambre, ferma la porte sur lui, et courut sans doute s'assurer que personne dans sa maison ou dans la rue ne pourroit s'opposer au dessein qu'il méditoit.

Aussitôt qu'il est sorti, Léocadie

13.

se leve, s'approche des murailles, cherche avec ses mains, et trouve une fenêtre qu'elle ouvre pour se précipiter. Une forte jalousie l'en empêche : mais la lune dans son plein pénetre par la jalousie et vient éclairer l'appartement. Léocadie demeure immobile, en proie à ses réflexions, et, regardant autour d'elle, examine avec soin cette chambre, observe les meubles, remarque les tableaux, la tapisserie, découvre sur un oratoire un petit crucifix d'or, s'en empare, et le cache dans son sein. Ensuite refermant la fenêtre, elle attend dans l'obscurité le barbare qui doit décider de son sort.

Rodolphe ne tarda pas à revenir : il étoit seul, et toujours sans lumiere. Il s'approche de Léocadie, lui bande les yeux avec un mouchoir, la prend par la main sans lui dire une seule parole, sans qu'elle ose prononcer un mot, la fait sortir de la chambre, descend avec elle dans la rue, fait plusieurs tours et détours, arrive près de la grande église, quitte le bras de l'infortunée, et s'enfuit précipitamment.

Léocadie fut quelque temps sans oser ôter le mouchoir qui lui couvroit les yeux. Enfin, n'entendant plus le moindre bruit, elle le détache, et porte ses regards autour d'elle. Se voyant seule près de la grande église qu'elle reconnut, son premier mouvement fut de tomber à genoux, et d'adresser à Dieu une priere fervente. Sa priere achevée, elle se leve, et gagne en tremblant la maison de don Louis.

Ce malheureux pere, avec son épouse désolée, pleuroit sa fille dans ce moment. Il entend frapper, il court à la porte, ouvre, voit Léocadie, et s'élance à son cou en poussant un cri de joie.

La mere accourt à ce cri, elle se précipite dans les bras de sa fille; tous deux l'embrassent et lui parlent à la fois, tous deux l'appellent leur enfant chéri, leur unique joie, le seul soutien de leurs vieux jours; tous deux, en la baignant de pleurs, multiplient les questions, et ne lui donnent pas le temps d'y répondre.

La triste Léocadie, après s'être livrée à de si tendres transports, se jette aux genoux de son pere, et, les yeux baissés, la rougeur sur le front, raconte tout ce qui étoit arrivé. Elle put à peine achever ce récit.

Le vieux don Louis la releve et la presse contre son sein : Ma chere fille, lui dit-il, le déshonneur n'est que dans le crime, et tu n'en as point commis. Interroge ta conscience; peut-elle te reprocher la moindre parole, la moindre action, la moindre pensée? Non, ma fille, tu es toujours la même, tu es toujours ma sage Léocadie; et mon cœur paternel t'estime, te respecte, te vénere peut-être plus qu'avant ton malheur.

Léocadie, soulagée par ces paroles, ose lever les yeux vers son pere : elle lui montre le crucifix qu'elle avoit emporté dans l'espoir qu'il pourroit un jour lui servir à reconnoître son ravisseur. Le vieillard regarde long-temps ce crucifix, sur lequel tom-boient ses larmes : Ô mon Dieu, lui disoit-il, que votre justice éternelle daigne me faire connoître le barbare qui m'a outragé dans la moitié la plus chere de moi-même, qu'elle daigne l'offrir à mes yeux; et, malgré mes cheveux blancs, malgré ma foiblesse, je suis sûr de laver mon outrage dans son coupable sang.

Les transports de don Louis re-doublent la douleur de Léocadie; sa bonne mere l'appaise, arrache le cru-

cifix au vieillard, et celui-ci oublie
sa colere pour aller de nouveau consoler sa fille.

Après quelque temps donné aux
larmes, la malheureuse Léocadie sembloit goûter un peu de calme : elle
ne sortoit jamais de sa maison ; il lui
sembloit que tout le monde auroit
lu son outrage sur son front. Hélas!
elle eut bientôt des motifs plus cruels
de se cacher.

Léocadie s'apperçut qu'elle étoit
enceinte ; et son pere et sa mere purent à peine obtenir d'elle qu'elle ne
se laissât pas mourir. Elle fut plusieurs jours sans vouloir prendre de
nourriture : enfin, pour l'amour de
ses parents et par respect pour son
état de mere, elle consentit à supporter ses maux.

Dès que le terme approcha, don
Louis et sa femme louerent une petite
maison de campagne où ils se ren-

dirent sans domestiques : ils ne vou-
lurent pas même appeller de sage-
femme ; ce fut dona Maria qui en
tint lieu. Avec son unique secours,
Léocadie mit au monde un garçon
plus beau que le jour. Don Louis le
porta sur les fonts de bapt'me, où
il lui donna son nom. Bientôt la mere
fut rétablie ; et sa tendresse pour son
fils fut si vive, la vue de cet enfant
devint si nécessaire à son existence,
qu'on résolut de garder dans la maison le petit Louis, en le faisant passer pour un neveu du vieillard.

Ils revinrent tous à Tolede, où
personne ne s'étoit douté du motif
de leur absence. L'aventure de Rodolphe n'avoit fait aucun éclat ; il
étoit parti peu de temps après pour
Naples : et Léocadie, respectée, ai-
mée de tout le monde, jouissoit du
bonheur de l'état maternel et de tous
les honneurs de l'état de fille.

Cependant le petit Louis croissoit
et devenoit tous les jours plus aimable et plus charmant. Son esprit, ses
graces, devançoient son âge, qui n'é-
toit encore que de sept ans, lorsqu'un
jour où il devoit y avoir un grand
combat de taureaux cet enfant se
mit à la porte de la maison de sa
mere pour voir passer les jeunes cavaliers qui alloient combattre. Il étoit
seul ; il voulut traverser la rue pour
voir une troupe de jeunes gens qui
venoit de l'autre côté : dans le moment un de ces étourdis, emporté
par son cheval, vient au grand galop,
et passe sur le corps du petit Louis.
Le pauvre enfant reste étendu sur le
pavé, jettant des cris, perdant beaucoup de sang d'une plaie que le fer
du cheval lui avoit faite à la tête.
Le peuple s'amasse et s'écrie. Tout-
à-coup un cavalier vénérable, suivi
de beaucoup de valets, qui passoit

pour aller aux courses, voit cet enfant, court à lui, le prend dans ses
bras, le baise, le caresse, essuie le
sang qui couvroit son visage, envoie
un de ses gens chercher le meilleur
chirurgien de la ville; et, perçant la
foule qui l'environnoit, il emporte
l'enfant chez lui.

Pendant ce temps, don Louis, sa
femme et sa fille, avoient appris l'ac-
cident. Léocadie, comme une insen-
sée, couroit déja dans la rue en criant,
en demandant son fils. Son pere la
suivoit à peine, et lui recommandoit
en vain de ne pas l'appeller son fils.
Tout le monde les plaignoit, et leur
indiquoit le chemin qu'avoit pris le
vieux cavalier. Ils courent, ils volent
à sa maison; ils montent en jettant
des cris jusqu'à la chambre où l'enfant étoit déja entre les mains du
chirurgien. Léocadie arrive la premiere, se précipite vers lui, le presse,

14

le serre contré son cœur, le baigne de
douces larmes, et demande à voir sa
blessure. L'aimable enfant, qui pleuroit encore, se met à sourire en voyant
sa mere; il la caresse, il l'assure qu'il
n'a point de mal. Le chirurgien visite
la plaie, et ne la trouve pas dange-
reuse : Léocadie se le fait répéter cent
fois, tandis que don Louis et sa femme rendent grace au vieux cavalier,
lui disent que cet enfant est leur petit neveu, et cherchent à excuser l'a-
mour extrême que leur fille montre
pour lui.

Enfin lorsque Léocadie eut bien
embrassé le petit Louis, lorsqu'elle
fut bien certaine qu'il n'y avoit aucun danger pour sa vie, elle s'assied
au chevet du lit, et jette les yeux sur
cette chambre.

Quelle est sa surprise en recon-
noissant les mêmes meubles, les mêmes tableaux, qu'elle avoit observés

au clair de la lune ! Elle revoit le même oratoire sur lequel elle avoit pris
le crucifix ; la tapisserie est la même,
rien n'est changé dans l'appartement:
Léocadie ne peut douter qu'elle ne
soit dans la maison, dans la chambre
où la conduisit son ravisseur.

A cette vue, elle demeure interdite, la pâleur couvre son visage, une
vive rougeur lui succede, elle tombe
sans connoissance. On s'empresse, on
la secourt, on la ramene chez elle :
on veut y rapporter l'enfant ; mais
le vieux cavalier s'y oppose, il demande, il supplie qu'on le lui laisse
jusqu'à ce qu'il soit rétabli. Don
Louis, occupé de sa fille, cede aux
instances du vieux cavalier, et retourne dans sa maison avec sa femme
et Léocadie.

A peine furent-ils seuls, que Léocadie leur déclara ce qu'elle avoit vu,
et les assura que cette maison étoit

celle de son ravisseur. Don Louis
court sur-le-champ prendre des in-
formations sur celui qu'il a tant d'intérêt de connoître : il savoit déja que
le vieux cavalier s'appelloit don Diegue de Lara ; il apprend bientôt qu'il
a un fils unique nommé Rodolphe,
que ce fils est à Naples depuis près
de sept ans, et que son séjour en Italie l'a, disoit-on, rendu aussi sage,
aussi retenu, que jusqu'à son départ
il avoit été fougueux et déréglé. On
ajoute que ce jeune homme est le
plus beau, le plus aimable de la ville,
et le meilleur parti de Castille.

Don Louis vient rapporter ces nouvelles à sa femme et à sa fille. On ne
pouvoit douter que ce Rodolphe ne
fût celui qui avoit déshonoré Léocadie ; mais pouvoit-on se flatter qu'il
répareroit cet outrage en donnant la
main à une personne noble, il est vrai,
mais la plus pauvre de Tolede ? Don

Louis ne l'espéroit pas, et méditoit déja la vengeance. Léocadie le supplia de lui laisser conduire toute cette affaire, et de ne s'en mêler que lorsqu'elle viendroit recourir à lui. Le vieillard eut de la peine à faire cette promesse ; mais enfin il se rendit, et Léocadie fut plus tranquille.

Elle réfléchit mûrement sur le parti qu'elle avoit à prendre. Son enfant étoit toujours chez don Diegue, où ce bon vieillard lui prodiguoit les soins les plus tendres. Sa blessure se guérissoit ; et sa mere, don Louis et sa femme, passoient les journées près du convalescent.

Un jour que Léocadie étoit seule avec don Diegue, et que ce bon vieillard tenoit dans ses bras le petit Louis, le baisoit, le caressoit, et parloit avec complaisance du sentiment si vif et si tendre qui l'attachoit à cet enfant, Léocadie ne put retenir ses larmes,

14.

et voulut en vain les cacher. Don Diegue lui en demanda le sujet avec tant d'intérêt et d'amitié, qu'enfin Léocadie, les yeux baissés et avec des sanglots, lui raconta tout ce qui s'étoit passé dans sa maison; lui montra le crucifix, que don Diegue reconnut; et finissant par tomber aux pieds du vieillard : Votre fils m'a déshonorée, lui dit-elle, et j'embrasse vos genoux; votre fils m'a condamnée à l'opprobre et au malheur, et je ne puis m'empêcher de vous aimer comme le père le plus tendre.

Le petit Louis, qui voit pleurer Léocadie, tombe lui-même aux genoux de don Diegue, lui tend les bras, et lui demande de ne pas affliger sa bonne amie : c'est ainsi qu'il appelloit sa mere.

Don Diegue ne put résister à ce touchant spectacle : il releve en sanglottant Léocadie et son fils, il les serre dans ses bras, et leur jure que jamais Rodolphe n'aura d'autre épouse que Léocadie.

Dès le jour même il écrit à son fils de revenir à Tolede, où il lui avoit trouvé un mariage convenable. Rodolphe part, arrive chez son pere. Il étoit convenu que Léocadie, don Louis et sa femme, ne se trouveroient pas chez don Diegue à l'instant où Rodolphe arriveroit.

Après les premiers moments donnés au plaisir de se revoir, don Diegue parle à Rodolphe du mariage qu'il avoit, disoit-il, arrêté pour lui. Il s'étend sur les richesses de la future épouse, et finit par lui montrer un portrait épouvantable qu'il avoit fait faire à ce dessein. Rodolphe recula d'horreur, et voulut représenter à son pere qu'il lui seroit impossible d'aimer une pareille femme. Mais don Diegue, d'un ton sévere, lui répon-

dit que la fortune étoit le seul point
qu'il falloit envisager dans le mariage.
Alors Rodolphe, avec beaucoup d'é-
loquence, déclama contre ce principe, rappella tous les malheurs qu'il
avoit causés, ajoutant qu'il n'avoit
jamais demandé au ciel que de trouver une épouse sage et belle dont il
pût faire la fortune, et près de laquelle il trouvât le bonheur.

Don Diegue, dissimulant sa joie,
feignoit de combattre l'avis de son
fils, quand on annonça Léocadie, sa
mere et le petit Louis, qui venoient
souper chez don Diegue.

Jamais Léocadie n'avoit été si belle:
il sembloit que, par une permission
divine, sa grace et sa beauté fussent
dans tout leur éclat. Elle éblouit les
yeux de Rodolphe, qui demande avec
empressement quelle est cette charmante personne. Son pere ne fait pas
semblant de l'entendre, court aux

deux dames, et s'apperçoit avec douleur que le visage de Léocadie se couvroit d'une pâleur mortelle, que ses
mains trembloient dans les siennes,
et que la vue de Rodolphe alloit lui
ôter l'usage de ses sens. Malgré ses
efforts, malgré son courage, la sensible Léocadie tombe bientôt sans
mouvement, et Rodolphe court à son
secours avec une ardeur, avec un intérêt, qui charment le bon vieillard.

Enfin elle revient à elle : on se met
à table ; et, pendant tout le souper,
les yeux de Rodolphe ne quittent
point Léocadie. Elle le voit, et baisse
les siens : elle parle peu ; mais tout
ce qu'elle dit a une grace touchante
et une empreinte de mélancolie qui
ajoutent encore au charme que Rodolphe trouve à l'entendre. Le petit
Louis, placé près de son pere, le regardoit sans cesse involontairement,
lui parloit, le caressoit ; et s'attirant

son attention et son amitié, il faisoit
dire à Rodolphe que le pere d'un tel
enfant devoit s'estimer bien heureux.

On sort de table, Rodolphe, épris
des charmes de Léocadie, tire son
pere en particulier, et lui dit, d'un
ton respectueux, mais décidé, que
rien ne pourra le forcer à épouser
celle dont il a vu l'horrible portrait.
Il le faudra pourtant, répond le vieillard, à moins que tu ne préferes cette
jeune et noble personne avec qui tu
viens de souper. Ah Dieu! s'écria
Rodolphe, je serois le plus heureux
des hommes, si elle daignoit accep-
ter ma main!... Et moi le plus heureux des peres, si mon fils, par cet
hyménée, réparoit le crime dont il
s'est souillé!

Alors il raconte à Rodolphe tout
ce qu'il sait; et tirant de son sein le
crucifix d'or: Voilà, mon fils, lui dit-
il, voilà le témoin et le juge de l'hor-

rible attentat que vous avez commis ;
voilà celui qui ne vous le pardonnera
que lorsque Léocadie vous l'aura pardonné.

Rodolphe écoute, rougit, et court
se jetter aux pieds de Léocadie.
J'ai mérité votre haine et votre mépris, s'écrie-t-il ; mais si l'amour le
plus respectueux, si le repentir le
plus vrai sont dignes de quelque grace, ne me refusez pas la mienne.
Songez qu'un mot de votre bouche
va me rendre pour jamais le plus vil,
le plus malheureux des hommes, ou
le plus tendre et le plus heureux des
époux.

Léocadie le regarde un moment en
silence avec des yeux remplis de larmes ; puis se tournant vers le petit
Louis, elle le prend dans ses bras, et
le porte dans ceux de son pere : Voilà
ma réponse, lui dit-elle avec une voix
entrecoupée : puisse cet enfant vous

donner autant de bonheur que vous
avez causé de peine à sa mere!

Aussitôt on envoie chercher un
prêtre, un alcade et deux témoins :
cet heureux hymen est terminé le
soir même; et Rodolphe, rendu pour
toujours à la vertu , éprouva qu'il
n'est de bonheur que dans un amour
légitime.

F. M Queverdo A. F.   Delignon Sculp.

Regardés moi, je suis assés punie
d'avoir su plaire au maitre de mon cœur.

ÉPISODE

D'INEZ DE CASTRO.

EPISODIO
DE INEZ DE CASTRO,

NO POEMA

OS LUSIADAS DE CAMOENS.

Canto III, oit. 118.

PASSADA esta taõ prospera vitoria,
Tornado Affonso à Lusitana terra
A se logr022 da paz com tanta gloria,
Quanta soube ganhar na dura guerra :
Oh caso triste, e dino de memoria,
Que do sepulchro os homens desenterra !
Aconteceo da mizera e mesquinha,
Que depois de ser morta foi raynha.

Tu sò, tu, puro Amor, com força crua
Que os coraçoens humanos tanto obriga,
Déste causa à molesta morte sua,
Como se fora perfida inimiga :
Se dizem, fero Amor, que a sede tua
Nem com lagrimas tristes se mitiga,
He porque queres, aspero e tiranno,
Tuas aras banhar em sangue humano.

ÉPISODE
D'INEZ DE CASTRO,
TRADUIT
DE LA LUSIADE DE CAMOENS.

Chant III, oct. 118.

Vainqueur du Maure, au comble de la gloire,
L'heureux Alphonse, après tant de combats,
Croyoit goûter, au sein de ses états,
La douce paix que donne la victoire :
Ô vain espoir ! d'Inez le triste sort
D'un si beau regne a terni la mémoire ;
En traits de sang on lit dans notre histoire
Qu'Inez obtint le trône après sa mort.

Cruel Amour, toi seul commis le crime.
La tendre Inez ne vivoit que pour toi :
Jamais un cœur ne suivit mieux ta loi ;
Et tu la fis expirer ta victime !
Ainsi les pleurs des malheureux mortels
Pour toi, tyran, n'ont pas assez de charmes ;
Tu veux encor, non content de leurs larmes,
Avec leur sang arroser tes autels.

Estavas, linda Inez, posta em sossego,
De teus annos colhendo o doce fruto,
Naquelle engano da alma ledo e cego
Que a fortuna naõ deixa durar muito:
Nos saudosos campos do Mondego,
De teus fermosos olhos nunca enxuto,
Aos montes ensinando e às ervinhas
O nome que no peito escrito tinhas.

Do teu principe alli te respondiaõ
As lembranças que na alma lhe moravaõ,
Que sempre ante seus olhos te traziaõ
Quando dos teus fermosos se apartavaõ,
De noite, em doces sonhos que mentiaõ,
De dia, em pensamentos que voavaõ,
E quanto em fim cuidava e quanto via
Eraõ tudo memorias de alegria.

D'outras bellas senhoras e princezas
Os desejados talamos engeita:
Que tudo em fim tu, puro Amor, desprezas,
Quando hum gesto suave te sugeita.
Vendo estas namoradas estranhezas
O velho pay sesudo, que respeita
O murmurar do povo, e fantazia
Do filho que casarse naõ queria.

Le front paré des roses du bel âge,
Charmante Inez, dans une douce erreur
Tu jouissois de ce calme trompeur,
Toujours, hélas! si voisin de l'orage.
Du Mondego, témoin de ton ardeur,
Tu parcourois les campagnes fleuries,
En répétant aux nymphes attendries
Le nom qu'Amour a gravé dans ton cœur

Un doux lien à ton prince t'engage;
Le jeune Pedre est digne de tes feux:
Un seul moment s'il est loin de tes yeux,
Tout vient aux siens présenter ton image:
Pendant la nuit en songe il est heureux,
Pendant le jour il cherche ta présence:
Ce qu'il entend, ce qu'il voit, ce qu'il pense,
Tout est Inez pour son cœur amoureux.

A ses serments Pedre toujours fidele
A dédaigné les filles de vingt rois.
Ô dieu d'amour! quand on vit sous tes loix,
Dans l'univers il n'est plus qu'une belle.
De ses refus son vieux pere irrité
Apprend bientôt que le peuple en murmure:
Dès ce moment les droits de la nature
Sont immolés à son autorité.

15.

Tirar Inez ao mundo determina,
Por lhe tirar o filho que tem preso,
Crendo co sangue sò da morte indina
Matar do firme amor o fogo aceso.
Que furor consentio, que a espada fina
Que pode sustentar o grande peso
Do furor mauro, fosse levantada
Contra huma fraca dama delicada?

Traziaōna os horriferos algozes
Ante o rei, jà movido a piedade;
Mas o povo, com falsas e ferozes
Razoens, à morte crua o persuade.
Ella, com tristes e piedosas vozes,
Sahidas sò da magoa e saudade
Do seu principe e filhos que deixava,
Que mais que a propria morte a magoava.

Para o ceo cristalino levantando
Com lagrimas os olhos piedosos,
Os olhos, porque as maōs lhe estava atando
Hum dos duros ministros rigurosos:
E depois nos mininos atentando,
Que taō queridos tinha e taō mimosos,
Cuja orfandade como mày temia,
Para o avò cruel assi dizia:

Le cruel roi, pour vaincre la constance
D'un fils qui doit lui succéder un jour,
Veut dans le sang éteindre tant d'amour,
Et sur Inez fait tomber sa vengeance.
Le fer est prêt : ce fer qui, dans sa main,
Du vaillant Maure abattit la puissance,
Menace alors la beauté sans défense,
Et le héros devient un assassin.

Par des soldats indignement traînée,
Aux pieds d'Alphonse Inez attend son sort.
Le roi la plaint, et diffère sa mort :
Mais par le peuple elle étoit condamnée.
Les fils d'Inez, désolés et tremblants,
Sur son péril témoignoient leurs alarmes ;
C'étoit pour eux qu'elle versoit des larmes,
Non pour sés jours moins chers que ses enfants.

Leur désespoir, leurs prieres plaintives,
Ont des bourreaux suspendu les fureurs.
Inez au ciel leve ses yeux en pleurs,
Ses yeux.... les fers tenoient ses mains captives.
Elle regarde, en poussant des sanglots,
Ces orphelins dont le sort l'épouvante ;
Et d'une voix affoiblie et tremblante,
A leur aïeul elle adresse ces mots :

Se jà nas brutas feras, cuja mente
Natura fez cruel de nascimento,
E nas aves agrestes, que sòmente
Nas rapinas aerias tem o intento,
Com pequenas crianças vio a gente
Terem taõ piedoso sentimento,
Como co' a mày de Nino jà mostràraõ,
E cos irmaõs que Roma edificàraõ:

O' tu, que tens de humano o gesto e peito,
(Se de humano he matar huma donzella
Fraca e sem força, sò por ter sugeito
O coraçaõ a quem soube vencella)
A estas criancinhas tem respeito,
Pois o naõ tens à morte escura della;
Movate a piedade sua, e minha,
Pois te naõ move a culpa que naõ tinha.

E se, vencendo a maura resistencia,
A morte sabes dar com fogo e ferro,
Sabe tambem dar vida com clemencia
A quem para perdella naõ fez erro:
Mas se t'o assi merece esta innocencia,
Poemme em perpetuo e misero desterro,
Na Scythia fria, ou là na Libya ardente,
Onde em lagrimas viva eternamente:

Si l'on a vu plus d'un monstre sauvage
Près d'un enfant oublier ses fureurs ;
Si l'on a vu ces oiseaux ravisseurs
Qui sont toujours altérés de carnage
Aimer, nourrir la mere de Ninus,
Comme l'on dit qu'une louve attendrie
Avec son lait soutint la foible vie
Des deux jumeaux Romulus et Rémus : (1)

Vous, qui d'un homme avez la ressemblance
(Si l'on est tel, quand on prive du jour,
Pour n'avoir pu résister à l'amour,
Un être foible et qu'on voit sans défense),
Oserez-vous montrer tant de rigueur
A ces enfants qui demandent ma vie?
Regardez-moi, je suis assez punie
D'avoir su plaire au maître de mon cœur.

Vous qui savez d'une main triomphante,
Avec ce glaive à qui tout est soumis,
Exterminer un peuple d'ennemis,
Sachez aussi sauver une innocente.
Si de don Pedre il faut me séparer,
Exilez-moi dans la froide Scythie,
Dans les déserts brûlants de la Libye,
Par-tout, hélas ! où je pourrai pleurer.

Poemme onde se use toda a feridade,
Entre leoens e tigres, e verei
Se nelles achar posso a piedade
Que entre peitos humanos naõ achei:
Alli co amor intrinseco, e vontade,
Naquelle por quem morro, criarei
Estas reliquias suas que aqui viste,
Que refrigerio sejaõ da mày triste.

Queria perdoarlhe o rei benino,
Movido das palavras que o magoaõ;
Mas o pertinaz povo, e seu destino,
(Que desta sorte o quiz) lhe naõ perdoaõ.
Arrancaõ das espadas de aço fino
Os que por bom tal feito alli pregoaõ;
Contra huma dama, ò peitos carniceiros,
Ferozes vos mostraes, e cavaleiros !

Qual contra a linda moça Policena,
Consolaçaõ extrema da mài velha,
Porque a sombra de Achilles a condemna,
Co ferro o duro Pyrrho se aparelha :
Mas ella os olhos, com que o ar serena,
(Bem como paciente e mansa ovelha)
Na misera mài postos, que endoudece,
Aõ duro sacrificio se offerece.

Dans les rochers, loin des lieux où nous sommes,
Chez les lions, capables d'amitié,
Je trouverai sans doute la pitié
Que je n'ai pu trouver parmi les hommes.
De mes amours ces fruits tristes et doux
Rempliront seuls mon ame désolée ;
Et de mes maux je serai consolée,
En leur voyant les traits de mon époux.

A ce discours de la tendre victime
Alphonse ému sent palpiter son cœur ;
Mais les destins et le peuple en fureur
Ont résolu de consommer le crime.
Les grands, auteurs de ces affreux complots,
Le fer en main, volent sans plus attendre....
Ciel ! arrêtez ; vous, nés pour la défendre,
Vous, chevaliers, vous êtes ses bourreaux !

Ainsi Pyrrhus, sur la rive troyenne,
Voulant ravir à la mere d'Hector
Le seul enfant qui lui restoit encor,
Des bras d'Hécube arracha Polyxene.
Comme un agneau destiné pour l'autel,
Elle suivit le héros sanguinaire,
Et, ne songeant qu'aux douleurs de sa mere,
Sans murmurer reçut le coup mortel.

Taes contra Inez os brutos matadores,
No collo de alabastro, que sostinha
As obras co que amor matou de amores
A' quelle que depois a fez raynha,
As espadas banhando, e as brancas flores
Que ella dos olhos seus regadas tinha,
Se encarniçavaõ fervidos e irosos,
No futuro castigo naõ cuidosos.

Bem puderas, ò sol, da vista destes
Teus rayos apartar aquelle dia,
Como da seva mesa de Thyestes
Quando os filhos por maõ de Atreu comia!
Vòs, ò concavos valles que pudestes
A voz extrema ouvir da boca fria,
O nome do seu Pedro, que lhe ouvistes,
Por muito grande espaço repetistes.

Assi como a bonina, que cortada
Antes do tempo foi, candida e bella,
Sendo das maõs lascivas mal tratada
Da minina, que a trouxe na capella,
O cheiro tras perdido e a cor murchada:
Tal està morta a pallida donzella;
Secas do rosto as rosas, e perdida
A branca e viva cor, co a doce vida.

Telle est Inez; le glaive l'a frappée :
Ce sein d'albâtre, où le dieu de l'amour
Plaça son trône et fixa son séjour,
Est déchiré par la tranchante épée ;
Ces yeux si doux se ferment pour jamais.
Les assassins, consommant leur ouvrage,
Ne pensent pas, dans leur aveugle rage,
Que Pedre un jour punira leurs forfaits.

Et toi, soleil, que le coupable Atrée
Fit reculer loin d'un affreux festin,
Ah ! tu devois reprendre ce chemin
Le jour qu'Inez à la mort fut livrée.
Et vous, échos du paisible vallon,
A qui sa voix en mourant dit encore
Le nom chéri de l'amant qu'elle adore,
En longs accents répétez ce doux nom.

Comme la fleur qui, trop tôt moissonnée,
De la beauté pare un moment le sein,
Fraîche et brillante aux rayons du matin,
Et vers le soir languissante et fanée :
De même Inez, à peine en ses beaux ans,
A descendu dans la nuit éternelle ;
Sur son visage une pâleur mortelle
A remplacé les roses du printemps.

16

As filhas do Mondego a morte escura
Longo tempo chorando memoràraõ,
E por memoria eterna em fonte pura
As lagrimas choradas transformàraõ :
O nome lhe puzeraõ, que inda dura,
Dos amores de Inez, que alli passàraõ :
Vede, que fresca fonte rega as flores,
Que lagrimas saõ a agoa, e o nome amores.

Le Mondégo, dans sa course lointaine,
N'entend par-tout que de tristes regrets;
Tout est en deuil : des nymphes des forêts
Les pleurs bientôt se changent en fontaine.
Ce monument dure jusqu'à ce jour;
Dans tous les temps mille fleurs l'environnent;
Et ce beau lieu, que des myrtes couronnent,
S'appelle encor la Fontaine d'amour.

---

(1) Inez, chargée de fers, sous le glaive des
bourreaux, et s'efforçant d'émouvoir la pitié de son
juge, ne devroit peut-être pas commencer son touchant discours en rappellant l'histoire de Sémira-
mis nourrie par des oiseaux de proie (que presque
tout le monde ignore), et celle de Romulus et Rémus allaités par une louve : mais on s'est attaché
dans tout ce morceau à être de la plus scrupuleuse
fidélité; et cette attention, qui ne peut être sentie
que par ceux qui savent le portugais, les rendra
peut-être plus indulgents sur les défauts de cette
traduction, sur-tout s'ils veulent considérer qu'à
la difficulté extrême de traduire en vers l'inimita-
ble Camoens, s'est jointe celle de le rendre octave
par octave, et presque vers par vers.

LAMENTATION

OF

QUEEN MARY.

I sigh and lament me in vain,
These walls can but echo my moan:
Alas! it increases my pain
When I think of the days that are gone.
Thro' the grate of my prison I see
The birds as they wanton in air:
My heart how it pants to be free,
My looks they are wild with despair.

Above tho' oppressed by my fate,
I burn with contempt for my foes:
Tho' fortune has alter'd my state,
She ne'er can subdue me to those.
False woman, in ages to come
Thy malice detested shall be;
And when we are cold in the tomb,
Some heart still will sorrow for me.

COMPLAINTE

DE

LA REINE MARIE.

En vain de ma douleur affreuse
Ces murs sont les tristes échos :
En songeant que je fus heureuse,
Je ne fais qu'accroître mes maux.
A travers ces grilles terribles
Je vois les oiseaux dans les airs ;
Ils chantent leurs amours paisibles,
Et moi je pleure dans les fers.

Quel que soit le sort qui m'accable,
Mon cœur saura le soutenir.
Infortunée, et non coupable,
Je prends pour juge l'avenir.
Perfide et barbare ennemie,
On détestera tes fureurs,
Et sur la tombe de Marie
La pitié versera des pleurs.

16.

Ye, roofs where cold damps and dismay
With silence and solitude dwell,
How comfortless passes the day!
How sad tolls the evening bell!
The owls from the battlements cry,
Hollow winds seem to murmur around:
O Mary, prepare thee to die.
My blood it runs cold at the sound.

Voûtes sombres, séjour d'alarmes,
Lieux au silence destinés,
Ah! qu'un jour passé dans les larmes
Est long pour les infortunés!
Les vents sifflent, le hibou crie,
J'entends une cloche gémir;
Tout dit à la triste Marie:
Ton heure sonne, il faut mourir.

XIMENA Y EL CID,

ROMANCE.

La noble Ximena Gomes,
Hija del conde Loçano,
Con el Cid marido suyo
Sobre mesa estava hablando.
Triste, quexosa, y corrida,
En ver que el Cid aya dado
En despreciar su compaña,
Por preciar se de soldado.
Y con este sentimiento,
Tiernamente suspirando,
Con lagrimas amorosas,
Assi le dixo llorando:

Desdichada la dama cortesana,
Que casa la mejor que casar puede!
Y dichosa en extremo la aldeana,
Pues no ai quien de su bien la desherede;
Pues, si amanece sola a la mañana,
No ai sucesso a la tarde que la vede
De anochecer al lado de su cuyo,
Segura del ausencia y daño suyo.

CHIMENE ET LE CID [1],

ROMANCE.

LE Cid, après son hyménée,
Pour les combats veut repartir ;
Sa Chimene en est consternée,
Mais n'ose pas le retenir.
Elle garde un profond silence,
Fixe sur lui des yeux en pleurs,
Et tout-à-coup sa voix commence
Ce chant d'amour et de douleurs :

Ah ! qu'une chaîne glorieuse
Nous prépare de cruels maux !
La villageoise est plus heureuse,
Son époux n'est point un héros :
Si, pour aller au labourage,
Cet époux la quitte au matin,
Au moins le soir, après l'ouvrage,
Il revient dormir dans son sein.

_____

(1) Cette romance est très ancienne, et se chante en
Espagne depuis plusieurs siecles. Dans l'original, le premier et le dernier couplets ne sont pas rimés ni mesurés
comme les autres. Ces deux couplets sont traduits libre-
ment, mais tout ce que dit Chimene est à-peu-près littéral.

No la despiertan sueños de pelea,
Sino el sediento hijuelo por el pecho,
Con darsele y brincarle se recrea,
Dexandole dormido y satisfecho:
Piensa que todo el mundo esta en su aldea;
Y debaxo un pajizo y pobre techo,
De dorados palacios no se cura,
Que no consiste en oro la ventura.

Viene el disanto, muda se camisa,
Y la saya de boda alegramente,
Corales y patena, por divisa
De gozo y libertad que el alma siente.
Va se al solaz, y en el con gozo y risa,
A la vezina encuentra o al pariente,
De cuyas rudas platicas se goza;
Y en años de vejez la juzgan moça.

No quiso el Cid que Ximena
Se le aquexe y duele tanto;
Y en la crux de su Tizona,
Espada que ciñe al lado,
Le jura de no bolver
Mas al fronterizo campo,
Y vivir gozando d'ella
Y de su noble condado.

Paisiblement elle sommeille,
Sans voir en songe des combats;
Si quelque chose la réveille,
C'est l'enfant qu'elle a dans ses bras.
Elle lui donne sa mamelle,
Le baise et l'endort doucement;
L'univers se borne pour elle
A son époux, à son enfant.

Chaque dimanche elle s'habille
Et prend ses beaux ajustements;
Douce gaité dans ses yeux brille,
Et lui donne l'air de quinze ans.
Vers l'église elle s'achemine,
Pressant son fils contre son cœur;
Elle rencontre sa voisine,
Et lui parle de son bonheur.

Sur le pommeau de son épée
Le Cid appuyé tristement,
De ces accents l'ame frappée,
Répond à Chimene en pleurant:
Va, rassure-toi, ma Chimene,
Nos deux cœurs ont même desir;
Peu d'instants finiront ta peine,
Je vais voir, vaincre, et revenir.

MUSETTE,

IMITÉE DE MONTE-MAYOR.

L'autre jour, sous l'ombrage,
Un jeune et beau pasteur
Racontoit ainsi sa douleur
A l'écho plaintif du bocage :
Bonheur d'être aimé tendrement,
Que de chagrin marche à ta suite !
Pourquoi viens-tu si lentement,
Et t'en retournes-tu si vîte ?

Ma bergere m'oublie ;
Amour, fais-moi mourir :
Quand on cesse de nous chérir,
Quel cruel fardeau que la vie !
Bonheur d'être aimé tendrement,
Que de chagrin marche à ta suite !
Pourquoi viens-tu si lentement,
Et t'en retournes-tu si vîte ?

Contentamientos de amor,
Que tan cansados llegays,
Si venis, paraque os vays ?
> Monte-Mayor, Diana, lib. II.

PIECES FUGITIVES.

VERS SUR ANET.

Vallon délicieux, asyle du repos,
Bocages toujours verds, où l'onde la plus pure
    Roule paisiblement ses flots,
    Et vient mêler son doux murmure
    Aux tendres concerts des oiseaux,
Que mon cœur est ému de vos beautés champêtres !
J'aime à me rappeller, sous ces riants berceaux,
    Qu'en tout temps Anet eut pour maîtres
    Ou des belles, ou des héros.
Henri bâtit ces murs [1], monuments de tendresse ;
Il y grava par-tout le nom de sa maîtresse :
Chaque pierre offre encor des croissants, des carquois,
Et nous dit que Diane ici donna des loix.
Vendôme [2], couronné des mains de la victoire,
    Sous ces antiques peupliers
    A long-temps reposé sa gloire ;

---

(1) On sait qu'Henri II bâtit Anet pour Diane de Poitiers :
leurs chiffres sont par-tout dans le château.

(2) Le grand Vendôme a possédé et embelli Anet. Ce fut
d'Anet qu'il partit pour aller mettre Philippe V sur le trône
d'Espagne.

Et lorsque de Philippe il guidoit les guerriers,
Qu'il faisoit fuir l'Anglois et soumettoit l'Ibere,
Accablé sous le poids des grandeurs, des lauriers,
Vendôme, seul soutien d'une cour étrangere,
A regretté d'Anet le vallon solitaire.
Du MAINE vint après [1]; Du Maine, nom fameux,
Qui rappelle les arts, l'esprit, la politesse:
Sur les gazons d'Anet, théâtre de leurs jeux,
Des immortelles sœurs la troupe enchanteresse
          Suivit et chanta sa princesse.
Enfin de ces beaux lieux PENTHIEVRE est possesseur.
Avec lui la bonté, la douce bienfaisance,
Dans le palais d'Anet habitent en silence:
Les vains plaisirs ont fui, mais non pas le bonheur.
Bourbon n'invite point les folâtres bergeres
          A s'assembler sous les ormeaux;
Il ne se mêle point à leurs danses légeres:
          Mais il leur donne des troupeaux.
Que ton orgueil, Anet, sur ces titres se fonde:
D'avoir changé de maître, eh quoi! te plaindrois-tu?
Toi seul tu possédas tous les biens de ce monde,
          Amour, gloire, esprit, et vertu.

---

(1) Madame la duchesse du Maine, si célebre par son
esprit et par son goût pour les lettres, tenoit sa cour à Sceaux
et à Anet.

AU PRINCE

HENRI DE PRUSSE,

Visitant, avec monseigneur le duc de PENTHIEVRE, la pyramide élevée par ce prince à l'endroit du champ de bataille d'Ivri où s'assit Henri I V après sa victoire.

Une jeune paysanne donna ces vers au héros prussien, en lui présentant une branche de laurier.

Ici se reposa des rois le plus aimable,
Le héros des Bourbons, l'idole des François,
Comme César et vous aux combats redoutable,
Comme vous seul sensible et tendre dans la paix.
　　　On doit aimer ceux qu'on imite.
A la place où s'assit cet illustre guerrier,
　　　Daignez enfoncer ce laurier:
Planté de votre main, il y croîtra plus vîte.
Ô campagnes d'Ivri, de ce nouvel honneur
　　　Ne perdez jamais la mémoire;
Un si beau jour vaut bien celui de la victoire.
Henri, de ses sujets le pere et le vainqueur,
Reparoît à nos yeux sous une double image:
BOURBON, né de son sang, a ses vertus, son cœur;
Et D'OELS [1] a son nom et sa gloire en partage.

---

(1) M. le prince Henri avoit pris le nom de COMTE D'OELS.

VERS

Gravés sur un rocher, à l'endroit du jardin d'Étupes
où madame la duchesse de Wirtemberg, mere
de madame la grande duchesse de Russie, a ras-
semblé tous ses enfants.

Ici la plus heureuse et la plus tendre mere
Réunit onze enfants, idoles de son cœur,
Et voulut consacrer cette époque si chere
        De son amour, de son bonheur.
Passant, repose-toi sous cet épais feuillage ;
        Et si tu chéris tes enfants,
        Respire ici quelques instants,
        Tu les aimeras davantage.

AUTRES

POUR LE MÊME SUJET.

Ici, dans la même journée,
Onze enfants, fruits chéris du plus tendre hyménée,
Dispersés par l'Amour sur des trônes divers,
Vinrent tous, réunis au sein de leurs modeles,
        Reprendre des vertus nouvelles
        Pour le bonheur de l'univers.

RÉPONSE

A DES VERS

DE M. DIDOT FILS AÎNÉ

SUR GALATÉE[1].

DIDOT, je sais pourquoi vous chérissez ma fille ;
    C'est que les mœurs de mes bergers
    Sont les mœurs de votre famille.
Mais je devois trembler, en songeant aux dangers
    Qu'alloit courir ma Galatée :
    Heureusement votre nom l'a dotée.
Si le sien peut aller à la postérité,
Ce sera par vos soins et par votre suffrage.
    Je compte plus pour l'immortalité
      Sur DIDOT que sur mon ouvrage.

---

(1) Ces vers se trouvent à la page 88 d'un ouvrage intitulé, Essai de FABLES NOUVELLES dédiées au Roi, suivies de POÉSIES DIVERSES et d'une ÉPÎTRE SUR LES PROGRÈS DE L'IMPRIMERIE, par Didot fils aîné. Paris, 1786.

RÉPONSE

DE GALATÉE

A DES VERS

DE M. DE FONTANES.

Le curé de notre village
Nous répete souvent qu'une bergere sage
Ne doit point écouter les propos enchanteurs
De ces beaux messieurs de la ville.
Ce langage leur est facile,
Dit-il ; gardez-vous bien de tous ces séducteurs :
Le doux parler, l'esprit, les manieres gentilles,
Ils ont tout ce qu'il faut pour attraper les filles.
Notre curé dit vrai, vous me le prouvez bien.
Vos vers seront toujours gravés dans ma mémoire ;
Mais jamais je ne croirai rien
De ce qu'ils disent à ma gloire.
J'aimerois à vous voir habitant de nos bois ;
Mais je craindrois que ma musette
Ne pût accompaguer votre brillante voix.
Mon pere dit que la trompette
Célebre dans vos mains les héros et les rois,
Et que votre muse savante,

Expliquant en beaux vers d'utiles vérités,
Embellit la raison, et, toujours triomphante,
Prouve que TOUT EST BIEN[1], du moins quand vous chantez.
En myrtes seulement notre vallon fertile
Produit peu de lauriers ; vous devez vivre ailleurs.
Nous vous applaudirons de notre obscur asyle ;
    Et quand nous irons à la ville,
Je vous apporterai des couronnes de fleurs.

AU MÊME.

Vous me louez, et je vous loue :
Un pareil commerce est fort doux ;
Mais les méchants et les jaloux
Pourroient fort bien, je vous l'avoue,
Tant soit peu se moquer de nous.
Critiquez-moi plutôt, de peur que l'on ne pense
    Que j'aime par reconnoissance
Le talent dont le ciel a voulu vous douer.
J'aime mieux renoncer d'une ame généreuse
    A votre louange flatteuse,
    Qu'au doux plaisir de vous louer.

---

(1) Tout le monde connoît la traduction que M. de Fontanes a faite, en très beaux vers françois, de l'ESSAI SUR L'HOMME de Pope.

A MADAME DE ***,

En lui envoyant un exemplaire de NUMA.

J'AI voulu, dans ce foible ouvrage,
Présenter la vertu sous les traits les plus doux :
J'aurois dû peindre votre image,
Et je sens qu'Anaïs est encor loin de vous.
Aussi modeste et plus habile,
Mieux qu'elle vous savez régler tous vos desirs :
Ce qui coûte à son cœur pour le vôtre est facile,
Et ses devoirs sont vos plaisirs.

A MADAME G ***,

Après l'avoir vue jouer LA MERE CONFIDENTE.

QUE j'aime à t'écouter, quand d'un accent si tendre
Tu dis que la vertu fait seule le bonheur !
Ton secret pour te faire entendre,
C'est de laisser parler ton cœur.
Mais, en blâmant l'amour, ta voix trop séduisante
Vers l'amour, malgré moi, m'entraîne à chaque instant;
Et depuis que j'ai vu LA MERE CONFIDENTE,
J'ai grand besoin d'un confident.

POUR LE PORTRAIT

DE CARLIN.

Il jouit du rare avantage
De conserver toujours ses amis, ses talents :
Son hiver reproduit les fleurs de son printemps ;
Il est ce qu'il étoit : les graces n'ont point d'âge.

ÉPITAPHE

DE MA BONNE CHIENNE.

Ci gît Diane. Ô vous que le sort a fait naître
Pour aimer et servir, prenez ses sentiments.
Fidele à ses devoirs jusqu'aux derniers moments,
Elle est morte à la chasse en regardant son maître.

LE PONT DE LA VEUVE[1],

ROMANCE.

De la mere la plus tendre
Je vais chanter les malheurs :
Bons fils, venez sur sa cendre
Répandre avec moi des pleurs ;
Vous qui, toujours en alarmes,
Vivez pour vos seuls enfants,
Bonnes meres, que vos larmes
Se mêlent à mes accents.

Au royaume de Valence
Une veuve avoit un fils ;
Amour, bonheur, espérance,
Sur lui s'étoient réunis.
Jeune, riche, aimable et belle,
A l'hymen se refusant,
Peut-on aimer, disoit-elle,
Un autre que son enfant ?

---

(1) Le sujet de cette romance est un fait arrivé dans le royaume de Valence. A trois quarts de lieue de S. Philippe, sur la route de Valence à Alicante, on passe le Pont de la Veuve, et tous les habitants du pays savent l'anecdote qui l'a fait bâtir.

Un beau tournoi dans Valence
Attiroit maint chevalier,
L'enfant meurt d'impatience
D'y montrer son beau coursier.
Sa mere y consent, et pleure,
Et lui dit en l'embrassant :
Si tu ne veux que je meure,
Ne sois pas trois jours absent.

L'enfant part avec sa suite :
Bientôt il trouve un torrent ;
Son coursier l'y précipite,
Les flots emportent l'enfant.
Pour le ramener à terre
Efforts et secours sont vains.
Ah ! trop malheureuse mere,
C'est toi sur-tout que je plains !

Un saint pasteur va chez elle
Pour l'instruire de son sort ;
A cette ame maternelle
Il donne le coup de mort.
Elle demeure accablée
Par l'excès de ses douleurs ;
Sa vue est fixe et troublée,
Et ses yeux n'ont point de pleurs.

Sans proférer une plainte,
Renfermant tout dans son cœur,
Enfin d'une voix éteinte
Elle dit au saint pasteur:
J'irai bientôt, je l'espere,
Près de ces funestes eaux;
Vous m'y conduirez, mon pere,
J'y trouverai le repos.

Là, que ma fortune entiere
D'un pont devienne le prix,
A l'endroit de la riviere
Où j'ai perdu mon cher fils:
Et qu'au moins dans ma misere
Ce pont trop tard élevé
Préserve toute autre mere
Du malheur que j'éprouvai.

Je veux qu'on porte ma biere
Parmi ces tristes roseaux,
Qu'on la couvre d'une pierre
Où l'on gravera ces mots:
« Dans cette demeure affreuse
« De mon corps sont les débris;
« Mais mon ame, plus heureuse,
« Mon ame est avec mon fils. »

Elle dit, et tombe morte.
On suivit sa volonté :
Près du torrent on la porte ;
Un pont s'éleve à côté.
Ce pont, non loin de Valence,
Se fait encore admirer :
On le traverse en silence,
Et jamais sans y pleurer.

LE NOVICE

DE LA TRAPPE,

ROMANCE.

LAINVAL aimoit Arsene,
Et ne put l'obtenir.
Traînant par-tout sa chaîne,
Il cherchoit à mourir.
A la Trappe il espere
Terminer son ennui :
Il entre au monastere ;
L'amour entre avec lui.

En lui donnant la haire,
Qu'il reçoit à genoux,
L'abbé lui dit : Mon frere,
Quel nom porterez-vous ?
Ah ! qu'on m'appelle Arsene ;
Ce nom, qui fit mon sort,
En redoublant ma peine
Avancera ma mort.

Frere Arsene est novice,
Et sert d'exemple à tous ;
Discipline et cilice
Lui paroissent trop doux.
Pour éteindre sa flamme,
Il fait de vains efforts ;
On ne guérit point l'ame
En déchirant le corps.

Il s'écoule une année
Sans qu'il soit plus heureux.
Enfin vient la journée
De prononcer ses vœux :
Il hésite, il chancelle,
Sentant bien qu'à jamais
Son cœur sera fidele
Aux premiers qu'il a faits.

Le désespoir l'emporte ;
Mais, dans l'instant fatal,
Un homme est à la porte
Qui demande Lainval.
On le refuse. Il crie :
Lainval, mon doux ami,
Ton amante chérie
Vient t'arracher d'ici.

18.

Au fond du monastere
Cette voix retentit ;
Du pied du sanctuaire
Le frere l'entendit.
Il court, hors de lui-même,
A des accents si doux ;
Il voit l'objet qu'il aime,
Et tombe à ses genoux.

Son amante adorée
Lui présente la main ;
Le ciel l'a délivrée
D'un tuteur inhumain.
Ce couple qui s'adore
Fuit loin de ce séjour :
Tous deux pleurent encore,
Mais des larmes d'amour.

COUPLETS

A MADAME

LA DUCHESSE D'ORLÉANS

ET A MONSEIGNEUR LE PRINCE

HENRI DE PRUSSE,

Assistant ensemble à un spectacle de société.

Sur l'air du vaudeville de la Rosiere.

Que de ce beau jour à jamais
La mémoire soit honorée !
Il offre à nos yeux satisfaits
Le dieu Mars assis près d'Astrée.
Couronnons-les des mêmes fleurs,
La gloire et la vertu sont sœurs.

L'un fait admirer ses exploits,
Et rien ne résiste à ses armes :
L'autre nous fait chérir ses loix,
Et rien ne résiste à ses charmes.
Couronnons-les des mêmes fleurs,
La gloire et la vertu sont sœurs.

L'esprit de l'un sait tout charmer,
Au Parnasse il vaincroit encore ;
Le cœur de l'autre sait aimer,
C'est son secret pour qu'on l'adore.
Couronnons-les des mêmes fleurs,
La gloire et la vertu sont sœurs.

Leur front modeste s'est baissé
Quand on a joint leurs noms ensemble ;
L'un se croit par l'autre effacé,
Dès qu'un même lieu les rassemble.
Couronnons-les des mêmes fleurs,
La gloire et la vertu sont sœurs.

A MADAME L. M. D. M.

COUPLETS chantés par ses enfants le jour de S. Louis, sa fête.

Sur l'air : Triste raison.

VOTRE patron, bien moins tendre qu'austere,
Gagna le ciel en quittant ses parents;
Ah! puissiez-vous ne trouver au contraire
Le paradis qu'au sein de vos enfants!

Si vous l'aviez suivi dans son voyage,
Quand de l'Égypte il couroit les déserts,
Loin d'y trouver comme lui l'esclavage,
Les Sarrasins auroient brigué vos fers.

A son retour, par de belles sentences
Du peuple franc il assura les droits;
L'esprit à peine entend ses ordonnances,
Le cœur suffit pour comprendre vos loix.

LETTRE

A M. L. C. D. S. E.

Du château d'Anet le 3 mai 1779.

Jᴇ suis chargé, mon cher pasteur, au nom de tous les habitants d'Anet, de vous adresser des plaintes sur votre départ précipité. Nous sommes tous fâchés contre vous. Le peu de jours que vous avez passés ici va rendre moins agréables ceux que nous devons y passer encore ; et, à présent que vous n'y êtes plus, nous aimerions mieux que vous n'y fussiez pas venu : car le plaisir ressemble à ce livre de l'Apocalypse qui étoit si doux dans la bouche, et si amer quand il étoit mangé.

Depuis votre départ les bergers de nos bois
Aux sons du chalumeau n'accordent plus leur voix ;

On n'entend plus chanter la tendre Philomele :
Le printemps est fini; déja la fleur nouvelle,
Qui de l'amant de Flore annonçoit le retour,
Se fane et va mourir sans avoir vu le jour.

Si j'osois vous parler de notre prince, je vous dirois qu'il n'est pas le
moins chagrin de votre absence ; et
cela seul vous rend inexcusable.

Quoi ! vous quittez sans murmure
D'Anet le charmant séjour,
Ce vallon où la nature
Épuisa ses trésors pour contenter l'amour !
Vous fuyez sans regret un prince qui vous aime,
Qui sait fixer ici le volage bonheur,
Et veut déposer sa grandeur
Pour être chéri pour lui-même ;
Qui se plaît à marquer chaque jour d'un bienfait,
Et dont l'esprit toujours aimable
Égaie avec douceur les propos de la table,
Et sait parler de tout, hors du bien qu'il a fait !

Heureusement pour vous, mon
cher pasteur, nous savons votre secret ; et quoique nous y perdions, il
faut vous en aimer davantage :

La voix des malheureux vous appelle à Paris,
Vous y courez leur tendre une main secourable;
    Et, quittant pour eux vos amis,
Vous aimez encor mieux être utile qu'aimable.

Je finis ma lettre, car je l'avois commencée avec le projet de vous faire des reproches, et je ne sais comment il arrive que je ne puis vous parler que de mon respectueux et très tendre attachement.

LETTRE

A M. GESSNER,

EN LUI ENVOYANT GALATÉE.

MONSIEUR,

Vos ouvrages font le bonheur de ma vie; et comme il est impossible que celui qui les a faits ne soit pas le meilleur des hommes, j'espere qu'il me pardonnera de l'importuner d'une lettre. Depuis mon enfance, LA MORT D'ABEL, DAPHNIS, LES IDYLLES, LE PREMIER NAVIGATEUR, sont toujours dans mes mains. Je dois à ces lectures tout ce que j'estime de mon cœur.

19

Mon admiration pour vos écrits
m'a inspiré le desir de faire une pas-
torale. Je me suis aidé d'un fameux
auteur espagnol qui avoit votre génie, sans avoir votre douceur. J'ai tâ-
ché d'habiller la GALATÉE de Michel
de Cervantes comme vous habillez
vos Chloés ; je lui ai fait chanter les
chansons que vous m'avez apprises,
et j'ai orné son chapeau de fleurs
volées à vos bergeres.

Cette passion de vous ressembler
m'a valu l'indulgence du public françois. J'ose vous envoyer GALATÉE.
Allez, ma fille, lui ai-je dit, allez trouver le maître de tous les bergers : vous
poserez doucement votre guirlande
sur sa tête, vous vous mettrez à genoux devant lui ; et quand il vous re-
gardera en souriant, comme le bon
Amyntas regardoit la belle Philis [1],

---

(1) Dans le charmant poëme de DAPHNIS.

vous lui direz : Je viens mettre à vos pieds le tribut de respect et d'admiration que vous doivent tous les cœurs sensibles, et que mon pere a plus de plaisir à vous payer que personne.

J'ai l'honneur d'être, monsieur, avec ces sentiments qui dureront autant que ma vie,

Votre très humble, etc.

RÉPONSE

DE M. GESSNER.

Monsieur,

Oui, j'ai reçu votre lettre si obli-
geante, et la GALATÉE. Tout ce que
je pourrois dire pour excuser le re-
tard de ma réponse et de mes remer-
ciements ne m'excuseroit pas : mais

il est pourtant vrai qu'une indisposition, qui m'a tourmenté presque tout l'hiver, m'avoit mis dans une inaction entiere. Le printemps vient me guérir : mon premier soin est de vous écrire.

GALATÉE est arrivée, et m'a remis la guirlande que son pere m'avoit destinée. Ah ! qu'elle m'a fait passer des heures délicieuses pendant l'hiver ! Depuis le commencement des beaux jours, elle m'accompagne dans mes promenades solitaires ; et les beautés de la nature me donnent la disposition de sentir doublement son prix. Quelle naïveté ! quelle grace ! quelle sensibilité dans tout ce qu'elle dit ! Espagnole d'origine, cela lui donne un air romanesque qui la rend encore plus intéressante. Si vous lui donnez des sœurs aussi aimables qu'elle, elle me sera toujours la plus chere, puisqu'elle a été la premiere

19.

par laquelle vous m'avez assuré de votre amitié.

J'ai l'honneur d'être, avec l'estime et l'attachement le plus tendre,

Monsieur,

Votre très humble, etc.

La douceur, la grace de cette lettre, et le nom du chantre d'Abel, doivent faire pardonner d'avoir imprimé ces éloges, qui ne sont que des encouragements dictés par la politesse et par l'indulgence naturelles à tous les grands hommes.

F I N.

T A B L E

Des pieces contenues dans ce vol.

APPROBATION.

J'ai lu, par ordre de monseigneur le garde des sceaux, les ŒUVRES DE M. LE CHEVALIER DE FLORIAN, et je n'y ai rien trouvé qui m'ait paru devoir en empêcher l'impression. A Paris, ce 13 décemb. 1786.

SUARD.

PRIVILEGE.

Louis, par la grace de Dieu, roi de France et de Navarre, à nos amés et féaux conseillers, les gens tenants nos cours de parlement, maîtres des requêtes ordinaires de notre hôtel, grand conseil, prévôt de Paris, baillis, sénéchaux, leurs lieutenants civils, et autres nos justiciers qu'il appartiendra, SALUT. Notre bien amé le sieur chevalier DE FLORIAN nous a fait exposer qu'il desireroit faire imprimer et donner au public ses ŒUVRES, s'il nous plaisoit lui accorder nos lettres de privilege à ce nécessaires. A CES CAUSES, voulant favorablement traiter l'exposant, nous lui avons permis et permettons de faire imprimer lesdits ouvrages autant de fois que bon lui semblera, et de les vendre, faire vendre par tout notre royaume : voulons qu'il jouisse de l'effet du présent privilege pour lui et ses hoirs, à perpétuité, pourvu qu'il ne le rétrocede à personne ; et si cependant il jugeoit à propos d'en faire une cession, l'acte qui la contiendra sera enregistré en la chambre syndicale de Paris, à peine de nullité, tant du privilege que de la cession ; et alors, par le fait seul de la cession enregistrée, la durée du présent privilege sera réduite à celle de la vie de l'exposant, ou à celle de dix années, à compter de ce jour, si l'exposant décede avant l'expiration desdites dix années ; le tout conformément aux articles IV et V de l'arrêt du conseil du 30 août 1777, portant réglement sur la durée des privileges en librairie. Faisons défenses à tous imprimeurs, libraires, et autres personnes de quelque qualité et condition qu'elles soient, d'en introduire d'impression étrangere dans aucun lieu de notre obéissance ; comme aussi d'imprimer ou faire imprimer, vendre, faire vendre, débiter ni contrefaire lesdits ouvrages, sous quelque prétexte que ce puisse être, sans la permission expresse et par écrit dudit exposant, ou de celui qui le représentera, à peine de saisie et de confiscation des exemplaires contrefaits, de six mille livres d'amende, qui ne pourra être modérée, pour la premiere fois, de pareille amende et de déchéance d'état en cas de récidive, et de tous dépens, dommages et intérêts, conformément à l'arrêt du conseil du 30 août 1777, concernant les contrefaçons : à la charge que ces présentes seront enregistrées tout au long sur le registre de la communauté des imprimeurs et libraires de Paris, dans trois mois de la date d'icelles ; que l'impression desdits ouvrages sera faite dans notre royaume et non ailleurs, en beau papier et beaux caracteres, conformément aux réglements de la librairie, à peine de déchéance du présent privilege ; qu'avant de l'exposer en vente, le manuscrit qui aura servi de copie à l'impression desdits ouvrages sera remis, dans le même état où l'approbation y aura été donnée, ès mains de notre très cher et féal chevalier, garde des sceaux de France, le sieur HUE DE MIROMESNIL, commandeur de nos ordres ; qu'il en sera ensuite remis deux exemplaires dans notre bibliotheque publique, un dans celle de notre château du Louvre, un dans celle de notre très cher et féal chevalier, chancelier de France , le sieur DE MAUPEOU, et un dans celle dudit sieur HUE DE MIROMESNIL : le tout à peine de nullité des présentes ; du contenu desquelles vous mandons et enjoignons de faire jouir ledit exposant et ses hoirs, pleinement et paisiblement , sans souffrir qu'il leur soit fait aucun trouble ou empêchement. Voulons que la copie des présentes , qui sera imprimée tout au long au commencement ou à la fin desdits ouvrages , soit tenue pour dûment signifiée , et qu'aux copies collationnées par l'un de nos amés et féaux conseillers-secrétaires foi soit ajoutée comme à l'original. Commandons au premier notre huissier sur ce requis, de faire , pour l'exécution d'icelles, tous actes requis et nécessaires, sans demander autre permission , et nonobstant clameur de haro, charte normande, et lettres à ce contraires. Car tel est notre plaisir. Donné à Fontainebleau le vingt-neuvieme jour d'octobre , l'an de grace mil sept cent quatre-vingt-trois, et de notre regne le dixieme. Par le Roi, en son conseil.

LE BEGUE.

Registré sur le registre XXI de la chambre royale et syndicale des libraires et imprimeurs de Paris , n. 3044, fol. 971 , conformément aux dispositions énoncées dans le présent privilege ; à la charge de remettre à ladite chambre les huit exemplaires prescrits par l'art. CVIII du réglement de 1723. A Paris, ce 11 novembre 1783.

LECLERC, syndic.

OEuvres de M. de Florian.

format in-18.

Galatée , 1 vol. fig. br.   6 l.

    La même, pap. ordin. fig. br.   4 l.

Les six Nouvelles, 1 vol. fig. br.   6 l.

    Les mêmes , pap. ord. fig. br. 4 l.

Théâtre, 3 vol. fig. br.   18 l.

    Le même, pap. ord. fig. br. 12 l.

Le 3e vol. pour compléter la 1e édit.

    pap. vélin , sans fig.   4 l. 10 s.

    Le même, pap. ordin.   3 l.

Numa, 2 vol. fig. br.   12 l.

    Le même, pap. ord. fig. br.   8 l.

Mélanges de poésie et de littérature,

    1 vol. fig. broch.   6 l.

    Les mêmes , pap. ord. fig. br. 4 l.

format in-8.

Galatée et les six Nouvelles , 1 vol.

    broché,   12 l.

    Les mêmes , p. ord. br.   4 l. 4 s.

Numa Pompilius, 1 vol. br.   12 l.

    Le même , pap. ordin.   5 l.

Imprimé en France
FROC031703200120
23227FR00022B/295/P